KB059401

서른다섯,
출근하기 싫어졌습니다

서른다섯, 출근하기

싫어졌습니다

재키 지음

세종

30대 여성 직장인은 고민이 많다. 직장에서의 역할이 커지고 삶의 변화가 많은 나이이기 때문이다. 그냥 '열심히' 한다고 될 게 아니다. 일과 삶을 다시 디자인하고 자원을 재분배해야 한다. 이들을 위한 맞춤책이 나왔다. 이 책에는 먼저 그 길을 거쳐 간 이들의 발자취와 이정표가 잘 담겨 있다. 책 속에 길이 있다!

문요한 정신과 의사, 『굿바이, 게으름』 저자

알파걸이 등장하고, '여성 상위시대가 도래했다'는 언론의 과장 섞인 기사가 난무해도 여전히 변하지 않는 것들이 있다. 조직은 아직 장시간 근로의 신화에서 벗어나지 못했고 가부장적 문화가 팽배하다. 임원이나 경영진에서 여성을 찾기도 어렵다. 그래서 패기 있게 시작한 여성들도 조직생활을 하다 보면 지치고 자칫 길을 잃는다. 그들에게 언니가 들려주는 '성장보약'이 이 책에 가득 들어있다.

이은형 국민대학교 경영대학장, 『밀레니얼과 함께 일하는 법』 저자

이 책은 30대 중반의 여성 직장인들이 현실에서 직면하는 고통에서 벗어나 진정한 여성 되기의 방법론을 알려준다. 일하는 여성들이 이런 고통의 원천에 대해 이해하고 이를 통해 자신을 좀 더 너그럽게 대할 수 있었으면 한다. 또한 도움을 줄 수 있는 사람들에게 당당하게 도움을 요청해 조직에서 파트너로 성장하고 그 빚을 갚을 수 있는 현명한 전략가가 되길 바란다. 이 책은 경력개발에 대한 결정적인 선택을 해야 할 시기의 여성들에게 가장 현실적인 조언을 담고 있다.

윤정구 이화여자대학교 경영대학 교수

난 돌아가신 구본형 소장을 존경한다. 내가 대기업 임원을 과감히 버리고 새로운 도전을 한 건 그가 쓴 책 덕분이다. 이 책의 저자 유재경 박사는 구본형 소장이 가장 아끼던 제자였고 난 그런 인연으로 오래전 그녀를 만났다. 그녀는 태생적으로 일을 좋아한다. 일을 해야만 살 수 있는 사람이다. 일이란 그녀에게 산소 같은 존재다. 그녀에겐 오히려 가정주부가 극한직업이다. 이 책은 그런 사실을 뒤늦게 깨달은 그녀가 서른다섯 살 커리어 우먼들에게 하는 고해성사. 여성을 위해 썼지만 남성들에게도 이 책을 권하고 싶다. 내가 일을 지켜야 일이 나를 지켜준다.

한근태 한스컨설팅 대표

서른다섯,
갑자기 출근하기 싫어졌습니다

:
∘

뭔가 잘못되었다는 신호를 처음 받은 건 서른다섯 무렵이었다.

당시 나는 내가 원하던 삶을 살고 있었다. 사랑하는 남자를 만나 뜨거운 연애 끝에 결혼해 아이 둘을 낳았고, 글로벌 제약사에 입사해 차기 팀장감이라는 평가도 들었다. 단란한 가족, 아늑한 집, 탄탄하고 유망한 직장과 커리어까지 내가 원하던 모든 것을 손에 쥐고 있었다. 그런데 이상하게도 뭔지 모를 공허감이 나를 옥죄었다. 갑자기 10년간 해온 홍보 업무가 쳐다보기 싫을 정도로 따분하게 느껴졌다. 삶에서 뭔가를 바꾸지 않고는 못 견딜 것 같았다.

더 높은 곳을 향해 끊임없이 전진하던 내가, 커리어 키워나가는 재미에 푹 빠져 살던 내가, 워커홀릭이었던 내가 갑자기 출근하기 싫어졌다. 10대에도 없던 사춘기가 시작된 느낌이었다. 일을 그만둘 수는 없었다. 그동안 쌓아놓은 것들이 아까웠고 시간이 지나면 자연스럽게 해결되지 않을까 하는 막연한 희망으로 하루하루를 버텼다.

서른여덟, 결국 나는 글로벌기업의 팀장이 되었다. 700여 명에 달하는 큰 조직이었고, 40대 팀장이 대부분이었으니 결코 늦은 승진은 아니었다. 팀장 중에서도 여자는 손에 꼽을 정도였다. 나는 모두의 부러움을 샀고, 축하받고 주목받았다. 팀 이름도 근사했다. 'Commercial Strategy & Analysis Team' 뭔지 모르지만 엄청나게 중요한 일을 하는 팀 같았다. 어디를 가든 명함을 내밀면 부러운 시선이 돌아왔다. 연봉도 껑충 올랐다. 내 생애 최고 연봉이었다.

이 시절이 내 인생에서 가장 불행한 시간이었다고 하면 믿어지는가? 하지만 사실이었다. 당시 나는 겉은 화려했지만, 속은 늘 불안과 우울에 차 있었다. 마음속에서 모든 일에 의욕과 자신감을 잃은 여자가 울고 있었다. 끊임없이 무엇인가를 요구하는 본부장의 지시에 억눌려 질식할 것만 같았다. 사사건건 나에게 도전하는 부하 직원과의 불화로도 억장이 무너졌다. 더 높이 올라가기 위해서는 희생해야 할 것이 보이는데, 그럴 자신이 점점 없어졌다. 팀장이 되고 나니 실무능력뿐 아니라 다른 스킬도 필요해졌다. 몸이 무너지니 마음도 함께 무너졌다. 퇴근 후나 주말에는 침대에 누워 일어나지 못했다. 아이들은 내가 누워 있으면 조용히 문을 닫고 나갔다. 나는 아이들을 제대로 돌보지 못한다는 죄책감에 휩싸였다. 때로는 아무도 모르게 사라지고 싶은 충동에도 시달렸다. 결국 팀장이 되고 1년 만에 사표를 던지고 회사를 나왔다. 나의 짧은 팀장 경력은 그렇게 끝을 맺고 말았다. 그렇다. 나는 완벽하게 실패한 여성 팀장이었다.

이미 흘러간 나의 흑역사를 바꿀 수는 없었다. 하지만 나와 비슷한 어려움을 겪고 있는 사람들이 있다면 그들을 돕고 싶었다. 비록 나는 회사를 떠났지만 더 많은 여성들이 회사에서 자신의 능력을 마음껏 펼치고 더 높은 자리에서 영향력을 발휘하길 바랐다. 그렇게 나는 커리어 코치로 활동하기 시작했다.

그러던 중, 놀라운 사실 하나를 발견했다. 직장에서 누구보다 일에 몰입하고 승승장구하던 여성들이 30대 중반이 되면 나와 같은 고민과 방황에 빠지는 경우가 많다는 것이었다. 이들은 혼자서 모든 짐을 짊어지고 자책하며, 미래를 비관하여 도전과 성장을 멈춘다. 그렇다. 나만의 문제가 아니었다. 서른다섯의 여자는 생각이 많아지고 문득문득 불안해진다.

사실 30대 중반의 고민과 방황은 자연스러운 것이다. 사회 초년생 때는 일을 배우고 익히느라 정신이 없다. 하지만 경력이 쌓이면 보이지 않던 것들이 조금씩 눈에 들어온다. 치고 올라오는 후배들을 보며 이 직장에 얼마나 있을 수 있는지 계산해보는 날들이 늘어난다. 실무자로서는 능력이 있다고 칭찬받고 있지만 리더가 되면 잘할 수 있을지 모르겠고, 어쩌면 그토록 싫어했던 상사의 모습이 미래의 내 모습일지도 모른다는 생각에 몸서리쳐지기도 한다. 30대 중후반이 되면 상사와 선배들의 은퇴를 보며 생각이 많아진다. 특별한 하자 없는 인생임에도 나만 도태된 것 같다. 결혼 등을 기점으로 새로운 인간관계가 확장되면서 관계 면에서도 큰 혼란을 느낀다.

워킹맘은 대부분 자기가 나쁜 엄마라는 죄책감에 시달린다. 아이의 받아쓰기 점수를 보면서 내 일보다는 아이에게 더 집중하는 게 더 현명한 선택이 아닐까 고민하게 된다.

서른다섯쯤 되면 사회 초년생에서 벗어나 이제 어엿한 회사 선배이자 리더로서의 역량을 갖춰야 한다. 내가 챙겨야 할 일과 사람은 점점 늘어만 가는데 내 역량은 제자리인 것만 같다. 서른다섯 즈음의 여자들은 수많은 딜레마와 선택지 사이에서 갈등하고 고민한다.

일을 해야만 엔도르핀이 도는 '일 인간'임에도 출근길이 끔찍해졌다면, 그것은 지금까지 해오던 방식이 통하지 않는다는 신호다. 그때부터는 조급함을 내려놓고 자신과 깊은 대화를 나눠야 한다. 그리고 삶에서 무엇을 바꿔야 하는지 진지하게 고민해야 한다. 돌아보니 서른다섯 즈음의 나는 일에서도 삶에서도 빨리 승부를 내야 한다는 강박이 있었다. 그땐 왜 그렇게 조급했을까? 서른다섯은 아직 괜찮은 나이이다. 매일이 고난의 연속이고, 일에 치여 하루가 어찌 가는지 모르지만 적어도 스물다섯보다는 더 현명해졌고 마흔다섯보다는 아직 쌩쌩하지 않은가. 그러니 느긋하게 신이 숨겨놓은 진짜 나를 찾는 일부터 시작해보자.

서른다섯 즈음의 여자들에게 전하는
현실 밀착형 조언

이 책은 서른다섯 즈음, 수많은 딜레마와 선택지 사이에서 갈등하고 있는 여성들에게 현실 밀착형 조언을 제공한다. 여자를 위한 책은 남자의 책과 달라야 한다. 여자와 남자는 몸과 마음, 세계를 인식하는 방법이 다르기 때문이다. 성공의 정의도 다르고 일이나 관계를 통해 얻고 싶은 것도 다르다. 그러니 그 방법론도 달라야 한다. 이 책에는 헤드헌터이자 코치로 일하며 쌓아온 나의 전문성과 대학원에서 습득한 커리어와 리더십에 대한 전문 지식을 담았다. 성공한 여성 리더들이 자신의 성공 비결을 말하는 책들은 무수히 많다. 객관적 데이터와 검증 없이 경험만으로 일반화하는 경우도 많다. 이런 오류를 피하기 위해 나는 다양한 시도를 했다. 여자의 성공을 위해 필요한 것들을 객관화하고 다양한 연구 결과를 학문적 토대로 삼았다.

이 책에서 나는 내가 운영하는 코칭 프로그램을 통해 얻은 경험과 노하우, 실제 사례를 아낌없이 공개했다. 자신에게 꼭 맞는 커리어 로드맵을 그리는 나비 프로젝트와 여성리더십 프로그램인 원더우먼 프로젝트를 통해 나는 많은 여성 직장인들을 만났다. 함께 울고 웃으며 서로의 변화와 성장을 지지하고 응원하는 모습은 지금 생각해도 마음이 뭉클하다. 그들의 이야기 덕분에 더욱 생생하게 살아있는 책이 될 수 있었다.

나는 이 책이 조직에서 고군분투하고 있는 여성들에게 꼭 필요한 한 권이라 믿는다. 롤 모델이라곤 찾아볼 수 없는 곳에서 하루하루 버티기 전략을 구사하느라 매일 녹초가 되는 사람들에게 이 책은 큰 힘이 되어줄 것이다.

끊임없이 무언가를 요구하는 상사와 교묘하게 저항하는 부하 직원 사이에서 소진되며, 첨예한 경쟁과 미묘한 갈등 상황에서 몸과 마음이 피폐해져 가는 여자에게는 잠깐의 휴식이 될 것이다. 좋은 아내, 좋은 엄마의 역할과 조직에 충성하는 조직원 사이에서 끝없이 번민하는, 개인적인 삶을 포기하고 얻는 사회적 성공이란 것에 의구심을 품은 여자에게는 앞으로 나아가야 할 방향을 제시하는 방향키가 될 것이다.

서른다섯 무렵 고민과 방황 속에 있는 일터의 여성들에게 이 책은 반드시 도움이 될 것이다. 책에서 알려주는 대로 회사 안에서 자연스럽게 영향력을 높이고, 전문성을 키우면서 자신만의 커리어를 탄탄하게 쌓아나가자. 어느 곳에 있든 자신의 존재감을 마음껏 드러내며 일과 삶에서 자신이 바라는 바를 얻어낼 수 있을 것이다.

Contents

Chapter 2
챙길 것 다 챙기면서 일로 승부 봅시다
똑똑하게 관계 맺고 존재감 드러내기

Chapter 3

그만둘 게 아니라 위로 올라가야 할 때
영리하게 커리어 쌓고 리더로 도약하기

Chapter 4

먹고 운동하고 사랑하라

나를 단단하게 만드는 연습

Epilogue

일러두기 ···

1. 이 책에 등장하는 인물 다수는 내가 운영하는 코칭 프로그램인 나비 프로젝트와 원
   더우먼 프로젝트에 실제 참여한 사람들이다. 사생활 보호를 위해 이들의 이름은 가명
   처리하였으며 내용을 각색하였고 일부는 게재에 대한 허락을 받았다.

2. 이 책에 등장하는 책과 영화, 동영상, 기사 등은 원본을 찾아 읽어볼 만한 가치가 충
   분하다. 본문에 그 출처를 되도록 상세히 밝혔으니, 시간을 내어 꼭 찾아보시라. 감동
   이 배가될 것이다.

3. 이 책은 가능한 한 더럽게(?) 읽어주길 바란다. 인상적인 부분에 줄도 치고, 책 모서
   리를 접기도 하고, 떠오르는 생각은 여백에 기록도 하라. 그러다 가끔은 책을 덮고 명
   상을 빙자한 휴식 시간도 가져보라. 그것이 내가 바라는 이 책 활용법이다.

Chapter 1

어느 날, 출근길이
끔찍해졌다면

일에 대한 태도를 바꾸라는 세상의 시그널

그만두기엔 아깝고
계속하기는 힘들고

⏎ enter

    윤정 씨를 처음 만났을 때, 그녀는 둘째 아이를 낳고 육아휴직 중이었다. 대기업에서 10년간 일했고 아이 둘을 키우는 서른여섯의 워킹맘이던 그녀가 고민을 털어놓았다.

    "어느덧 직장 생활 10년이 넘었지만, 아직 제가 일하는 분야의 전문가라고 하기에는 부족함이 많다고 느낍니다. 과장 3년 차인데 시키는 일만 해서는 안 될 것 같고 빠릿빠릿하게 실무를 해내는 능력만으로는 부족한 것 같아요. 조직에서 어디까지 갈 수 있을지, 어디까지 가고 싶은지, 저 자신도 모르겠고 회사 생활을 이전만큼 전투적으로 할 자신도 없습니다. 휴직 기간에 제가 하던 일을 팀원들이 나눠서 하고 있는데, 팀원들에게 미안하고

집에서는 육아로 고생하시는 친정 엄마에게도 미안합니다. 나름
대로 치열하게 살아왔다고 생각했는데, 주변에 항상 미안하고 내
가 늘 죄인 같아 때로 억울하기도 합니다."

열심히 공부해 우수한 성적으로 대학교를 졸업하고, 원하는
회사에서 10년간 열심히 일하며 애도 둘이나 낳아 키우고 있는
데, 도대체 왜 억울한 마음이 들까? 그 정도 경력이면 나름 전문
가라고 할 수 있고, 앞으로의 미래도 당당히 그려갈 수 있을 것
같은데 왜 자신이 없을까?

그동안 많은 여성들을 만나면서 느낀 것이 있다. 30대 중반
여성들이 윤정 씨와 같은 감정을 느끼는 경우가 많다는 것이다.
특히 착실하게, 나름 인정받으면서 지내온 여성들일수록 그쯤
되면 오히려 자신이 부족하다고 느낀다.

여성의 커리어는 대략 서른다섯 이전과 이후로 나뉜다고 해도
과언이 아니다. 30대 초까지만 해도 약간의 눈치와 일머리만 있
으면 일 잘한다는 소리를 들을 수 있다. 성과도 나오고 승진도
가능하다. 하지만 30대 중반부터는 새로운 일을 배우는 재미가
사라진다. 지금까지 영혼을 갈아 넣을 만큼 열심히 했는데 10년
차 정도 되면 원인 모를 장벽에 부딪치게 되고, 번아웃이 오기

도 한다. 회색 코트를 입은 '권태'란 놈이 양팔을 붙들고 놓아주지 않는데, 무엇을 해야 할지 막막하다. 출근하는 게 점점 싫어지고 그러면서 알게 된다. 업무 능력만으로는 좋은 평가를 기대할 수 없으니 조직의 역학을 제대로 읽고 처세술을 발휘해야 한다는 것을. 그러나 그런 '정치'는 뭔가 오글거리고 나는 죽었다 깨어나도 할 수 없을 것 같다.

회사에서는 이제 리더로서의 역량을 요구한다. 실무자 마인드에서 벗어나 관리자로서의 도약도 준비해야 하고, 커리어 비전을 명확히 하고 경력 자본을 탄탄하게 구축해야 한다. 그러나 이것들을 어떻게 준비해야 하는지 아무도 알려주지 않는다. 그저 내 역량이 한없이 부족한 것만 같아 우울해진다.

그러나 전혀 걱정할 필요가 없다. 당신이 만약 30대 중반 여성이고 뭔가 잘못되었다는 생각이 든다면 그것은 지극히 정상이며, 오히려 다행이기까지 하다. 생각해보자. 일에 욕심이 없고, 그동안 아무런 성과가 없었다면 이런 고민조차 하지 않았을 것이다. 그동안 쌓아온 결과물들이 있기 때문에 그만큼 인정받지 못하는 것 같아 억울하고, 도약은 하고 싶은데 방법을 몰라 힘들고 그렇기에 쉽게 그만둘 수도 없는 것이다. 이런 고민이 든다는 건 이제 '양에서 질'로 진정한 전문가의 길로 도약해야 한다는 세상의 신호를 받았다는 뜻이다. 이제 자신의 일과 삶을 지금까지와는 다른 시선으로 면밀히 검토하고, 필요하다면 그동안 한 번도 해보지 않은 일들도 기꺼이 해보겠다는 다짐이 필요하다. 그것이 서른다섯 즈음의 위기를 극복할 수 있는 돌파구를 찾는 길이다.

잘못된 건
일이 아니었어

← enter

　회사가 끔찍하게 싫어지고 일이 지겨워 무기력하던 30대 중반 즈음을 돌아보면서 가끔 생각한다.

　무엇이 문제였을까? 그 시절로 돌아간다면 무엇을 바꿔야 할까?

　당시 나의 결론은 '일'을 바꾸는 것이었다. 너무 오랫동안 같은 일을 하다 보니 권태를 느끼는 거라고 생각했다. 그도 그럴 것이 나는 경력 초기 10년 동안 회사 세 곳을 다니며 다양한 홍보 업무를 경험했다. 더구나 홍보 회사에서 일한 3년은 업무 강도와 깊이 면에서 기업체 홍보팀의 경험과 비교할 수 없을 만큼 역동적인 시기였으니, 나의 홍보 경력 10년은 그 누구의 것보다도 숨

가쁘고 파란만장했다. 그렇다 보니 무엇을 해도 '예전에 다 해본 일'이 되었다.

그래서 새로운 영역의 일, 영업을 시작했다. 나는 그 일도 꽤 잘해냈다. 그간의 홍보 경력을 살려 의사 고객들에게 병원 홍보나 환자 유치에 도움이 될 만한 조언을 한 것이 고객의 마음을 움직였다. 이렇게만 잘 풀리면 내가 원하는 것을 금세 손에 쥘 것 같았다. 실적이 좋으니 마케팅팀에서 러브콜이 들어왔다. 이제 마케팅팀으로 이동해 홍보와 영업을 섭렵한 탁월한 마케터로 변신하는 일만 남았다.

하지만 행운의 여신은 내 편이 아니었다. 당시 마케팅 팀장들은 나와 나이가 비슷하거나 심지어 어린 사람들도 있었는데, 그들에게 나는 경력만 많고 부려먹기 쉽지 않은 마케팅 무경력자일 뿐이었다. 그렇게 연거푸 거절의 문 앞에서 낙심하고 있던 나에게 손을 내밀어준 곳이 있었다. 나는 그 손을 덥석 잡고 교육팀으로 이동했다. 그곳에서 1년 동안 새로운 영업 효율화 시스템을 성공적으로 론칭하고 아시아 퍼시픽 영업 팀장 개발 프로젝트 리더로 활동한 끝에 팀장으로 발탁되었다. 그러나 나의 팀장 시절은 아주 짧게 끝이 나고 말았다.

지금 돌아보니 그때 바꿔야 할 것은 일이 아니었다. 뭔가 잘못

되었다는 느낌은 '일'이 아니라 삶과 일을 바라보는 '태도'를 바꾸라는 신의 메시지였다. 그것은 소유의 문제가 아니라 존재의 문제였다. 남들이 다 부러워하는 인생을 사는데도, 딱히 큰 문제가 없는 삶을 사는데도 뭔가 잘못되었다는 느낌이 든다? 그렇다면 '내가 진정으로 원하는 것이 무엇인가?'라는 질문에 대한 답을 찾는 일부터 시작해야 한다.

나는 서른다섯까지 내가 어떤 사람인지, 어떻게 살고 싶은지에 대해서 생각해본 적이 없다. 좋은 대학에 들어가고 좋은 직장에 입사하고 높은 자리로 승진하고 억대 연봉을 받는 것이 잘 사는 삶이라 여겼다. 돈 벌어 집 사고, 결혼하고 아이를 낳으면 행복할 거라 믿었다. 하지만 나는 그것으로 만족할 수 없었다. 나는 남이 아니라 내가 인정할 만한 성취와 성장이 필요한 여자였다.

내가 이끄는 여성리더십 프로그램인 원더우먼 프로젝트를 마치며 많은 원더우먼들이 '새로운 나'를 발견했다고 말한다. 회사 생활이 고달프기만 하고 뭐 하나 특별히 잘하는 게 없다고 생각했는데, 프로젝트를 통해 자신의 강점을 발견하고 성장 가능성을 확인할 수 있었다는 것이다. 보잘것없다고 생각한 자신의 경력이 생각보다 꽤 괜찮은 내적 자원임을 알게 되었고, 앞으로 어떤 일에 집중해야 할지도 어렴풋이 보인다고 한다. 회사 생활에 환멸을 느껴 충동적으로 휴직을 선택한 명화 씨는 자신을 긍정하게 되니 마음도 편안하고 몸도 마음도 가벼워진 느낌이라고 소감을 밝혔다. 큰 욕심 부리지 않고 정년까지 가늘고 길게 가고 싶다는 희경 씨는 이제 실무자 마인드를 버리고 리더로 거듭나겠다고, 미래에 대한 막연한 불안감을 떨치고 나니 미래에 대한 기대와 희망이 가득하다는 후기를 남겼다. 사실 이 모든 변화의 근원은 '자기 이해'에 있다. 자기가 어떤 사람인지 명확히 알고 있다면, 어디로 가야 하는지 자연스럽게 알게 된다.

당장 회사를 나가도
먹고살 수 있으려면

↵ enter

　30대 중반이 되면 내가 해오던 일들이 익숙해지고 점차 일에 대한 흥미를 잃어간다. 그러면서 '나의 전문성은 무엇인가'에 대한 고민이 시작된다. 오랫동안 일했음에도 스스로 전문가라고 자신 있게 칭할 수 있는 사람은 생각보다 많지 않다. '당장 회사를 나가면 먹고살 수 있을까?'를 고민해보면 내 경력이 한없이 초라해 보일 것이다.

　이처럼 연차가 높다고 전문성이 저절로 생기는 것은 아니다. 같은 10년 차라 하더라도 전문성은 크게 차이가 날 수 있다. 회사에서 전문가로 인정받고 퇴사 후에도 자기 일로 독립적인 삶을 꾸려가고 싶다면 전문가의 루트를 걸어야만 한다.

　그렇다면 전문성은 어떻게 키워야 할까? 자신의 경력을 돌아보며 다음 5개 질문에 각 20점씩 총100점을 만점으로 점수를 매겨보자.

나의 경력 가치 측정하기

1. 내가 일한 회사는 업계에서 규모, 영향력, 시장 지배력, 기술력 면에서 상위이다.
2. 나는 핵심 직무를 맡았으며 사내에서 관련 분야의 전문가로 인정받고 있다.
3. 나의 업무는 경력이 쌓이면서 확장 또는 심화되고 있다.
4. 나는 업무 능력 향상을 위해 교육의 기회를 탐색하거나 최신 기술 습득을 위해 노력했다.
5. 나는 최근 성과평가에서 일정 수준 이상의 성과를 달성한 것으로 평가받았다.

위 질문은 경력 가치Career Value를 측정하는 질문들이다. 경력 가치란 개인이 가진 경력의 시장 가치를 의미한다. 전문성이 높다는 것은 자신의 경력을 잡 마켓에서 거래할 경우 큰 가치를 인정받을 수 있다는 뜻이다. 1번은 조직 경험을 평가한다. 일반적으로 크고 유명한 회사에서 일하는 사람은 경력 가치에서 높은 점수를 받을 수 있다. 하지만 최근에는 개인의 직무와 직급 경험의 비중이 커지고 있다. 2~5번 질문은 개인의 직무와 직급 경험에 관한 질문인데 이들 질문에 높은 점수를 주었다면 경력 개발에 많이 노력한 것으로 자부해도 좋다.

어떤 사람은 전문성이 소위 전문직에 종사하는 사람들의 특권이라 생각한다. 내가 하는 일들은 그만큼의 희소성도 없고 어느 정도의 훈련을 거치면 누구나 할 수 있는 일이기 때문에 전문성을 논하기 어렵다고 여기는 사람도 많다. 하지만 무슨 일이든 어느 정도 경력을 쌓으면 내가 어떻게 개발해나가느냐에 따라 그동안의 경험과 노하우가 '전문가'로서 도약할 기반이 되어 준다.

전문성은 두 가지 측면에서 매우 중요하다. 첫째, 경력 10년 이후에 조직에서 탁월한 전문가로 인정받고 리더로 도약하는 데 필요하다. 전문성이 없는 사람은 회사에서 오래 살아남을 수 없고 리더가 될 수도 없다. 둘째, 회사를 떠나서도 먹고살 기반을 마련하기 위해서다. 누구나 언젠가는 회사를 떠나고 그 이후엔 홀로서야 한다. 그때 필요한 것이 바로 전문성이다. 전문성이 없다면 회사 안에서도 회사 밖에서도 제대로 설 수 없다.

그런데도 자신의 전문성을 키우기 위해 노력하는 직장인이 많지 않다. 그보다는 퇴근 후 삶에 몰두하는 이들이 점점 많아지는 분위기다. 회사에서 전문성을 확장하고 심화하는 데에는 소극적이다. 익숙하고 편한 일에 빠져 새로운 도전을 하지 않는 것이다. 아무 생각 없이 회사의 요구에 따라 직무를 옮기는 직장인도 많다. 그렇게 경력을 쌓다 보니 어느 분야에서도 전문가가 아닌 어정쩡한 경력을 가진 사람이 된다. 이렇게 일하다 보면 쌓인 연차가 부끄러운 직장인이 되고 만다.

또 나는 전문성에 집중하기보다 재테크 세미나에 쫓아다니느라 일은 뒷전인 직장인들을 많이 봐왔다. 물론 누군가가 부동산으로 인생은 한 방임을 증명했다, 주식으로 1년 연봉 그 이상을 벌었다는 말을 들으면 흔들리는 것도 사실이다. 그러나 사실 전문성을 키워 나만의 일을 갖는 '일테크'만큼 안정적이고 튼튼한 재테크는 없다고 자부한다.

한 번 계산해보자. 현재(2020년 7월) 시중은행의 예금 금리는 약 1퍼센트 수준이다. 30억 원을 은행에 1년간 맡기면 이자 3,000만 원에서 이자과세인 15.4퍼센트를 제하고 약 2,540만 원을 받을 수 있다. 그러니 세후로 연봉 2,500만 원을 버는 사람은 은행에 30억 원을 예치한 것과 비슷한 수익을 올리는 셈이다.

부동산 투자 수익률은 지역에 따라 천차만별이지만, 약 4퍼센트라고 가정해보자. 약 9억 원의 부동산을 가지고 임대할 경우 연 3,600만 원의 수익이 발생한다(보증금이나 부동산 관련 세금을 산정하지 않을 때의 경우다). 그러니 연봉 3,600만 원을 받고 있다면 약 9억 원 상당의 부동산을 가진 효과를 거두고 있는 것이다.

잘 쌓은 커리어는 심리적인 안정감을 준다. 나의 내공과 실력, 경력은 어디에 있든 사라지지 않는 자산이자 무기다. 더구나 10년 정도 커리어를 쌓으면 자신의 오리지널리티가 어느 정도 드러날 수밖에 없다. 내가 일을 하는 방식과 결과물에 고유성까지 있다면 금상첨화다. 어떤 일이 있어도 내 일을 스스로 창출해낼 자신감이 있다면 퇴사하거나 사업이 망해도 뭐든 해서 먹고살 수 있다. 그러니 그 어떤 자산보다 탄탄한 무기를 장착한 셈이다. 기억하자. 잘 키운 내 커리어, 열 통장 안 부럽다.

돈은 물론이고,
재미도 의미도 찾고 싶어

↵ enter

'열심히'가 중요한 시기를 지나면 '잘해야' 하는 시기를 맞는
다. 그러나 어느 정도 성과를 내기 시작하면 그때부터는 '버티
는' 것, 즉 내 일을 오랫동안 지속할 수 있게 만드는 역량이 매우
중요해진다.

오랫동안 나만의 일을 해나간다는 건 생각보다 쉽지 않다. 일
에도 재미, 머니, 의미라는 삼박자가 있기 때문이다. 돈은 물론
이고 재미와 의미도 찾을 수 있어야 한다는 뜻이다. 어떤 일을
10년 정도 하면, 이 삼박자가 맞아야 계속할 수 있다.

새로운 걸 막 배우기 시작할 때는 무엇이든 재미있는 법이다.
설사 일이 좀 어렵게 느껴지고 월요병에 시달리더라도 매달 통
장에 찍히는 월급만으로 버틸 힘이 생기기도 한다. 이런 상황에

서 일이 잘 맞고 칭찬까지 들으면 재미가 생길 수밖에 없다.

나 역시 직장 생활 10년은 '재미'로 일했다. 일이 너무 재미있어서 아침이면 벌떡 일어나 회사로 뛰어가고 출산휴가 3개월도 다 채우지 못한 채 복귀했을 정도다. 하지만 재미만으로 버틸 수 있는 것도 한계가 있다. 재미로 버틸 수 있는 시간은 나에게 딱 10년이었다. 10년이 넘어가자 손가락 하나 까딱할 수 없을 정도의 무기력이 나를 찾아왔다.

하지만 일을 그만둘 수는 없었다. 대출금이 쌓여 있고 시댁에 생활비도 드려야 했다. 돈이 필요했다. 그래서 그다음 4년은 '돈(머니)' 때문에 일했다. 일은 재미없고, 직장 생활이 괴로웠지만 돈 때문에 꾹 참았다. '이 정도 연봉을 어디 가서 받겠어' 생각하며 버텼다. 그렇게 밥벌이를 위해 일하던 시기도 있다.

그러나 이 역시 한계가 찾아왔다. 40대가 지나면서는 내가 가진 재능과 경험으로 세상에 기여하고 싶다는 욕심이 싹트기 시작했다. 일하는 보람을 느끼고 싶어 내 일의 '의미'를 찾았다. 이왕이면 나도 행복하고, 더 나은 세상을 만드는 데 힘을 보태고 싶었다. 당장은 돈이 되지 않지만, 나중에 하고 싶은 일에 도움이 될 거란 믿음으로 현재 하는 일에서 의미를 찾았다. 그렇게 직장 생활 마지막 3년은 '의미'를 위해서 일했다.

1인 기업가로 일하는 지금, 나는 재미, 머니, 의미를 모두 누리며 일한다. 내 책을 읽고, 강의를 듣고, 나에게 코칭받은 뒤 눈부시게 성장하고 발전하는 이들을 보는 데서 재미와 의미를 찾았다. 또한 이 일로 생활에 어려움을 느끼지 않을 만큼 수입도 올리고 있다. 그러니 삼박자를 모두 누릴 수 있게 되기까지 직장 생활 17년과 1인 기업가 생활 6년을 더해 23년이 걸린 셈이다.

어떤 일이든 오래 하려면 이 세 가지, '재미, 머니, 의미'라는 삼박자가 잘 맞아야 한다. 이 중 어느 한쪽에만 쏠렸다면 반드시 그 일은 반드시 한계에 부딪히게 된다. 그래서 커리어를 쌓는다는 건 단순히 어떤 일을 해나가는 것이라기보다 이 세 가지 요소의 균형점을 찾는 과정일 수 있다. 자신이 현재 하는 일을 잘 살펴보자. 분명 나처럼 재미있고 돈도 되고 의미도 찾을 수 있을 것이다. 만약 그렇지 않다면 자신의 삶에 무엇이 빠져 있는지 빠진 것을 채우려면 무엇을 해야 할지 깊이 고민해볼 일이다.

실속형 인간으로
살아남기 위한 일 센스

← enter

출근길이 끔찍해지는 시그널을 받았음에도 만약 변화를 모색하지 않고 꾸역꾸역 현 상태를 연명해나가듯 살면 어떻게 될까? 변화가 필요한 시점에 변화를 받아들이지 않으면, 처음에는 원인 모를 답답함을 느끼기 시작한다. 그러다 보면 깊은 우울감과 회의감에 빠지면서 급기야 일을 그만두는 극단적인 상황에 치닫기도 한다.

따라서 변해야만 한다는 시그널을 받았다면 지금 내 위치가 어떻게 달라졌고 앞으로 필요한 능력이 무엇인지를 찬찬히 따져볼 필요가 있다. 10년 정도 경력을 쌓은 30대 중반 여성에게 필요한 능력은 무엇일까?

오래 일하는 사람들의 공통점은 '일을 대하는 태도'가 남다르다는 것이다. 그 태도란 자기 이해뿐 아니라 상황에 대한 이해, 사람에 대한 이해 등 전체를 조망할 줄 아는 역량을 바탕으로 한다. 30대 중반부터는 자신이 어떤 사람인지, 무엇을 해야 행복한 사람인지 아는 자기 이해력과 회사에서 사람들 관계를 조율할 정치력, 그리고 회사에서 인정받고 회사에서 나와도 홀로 설 전문성이 필요하다.

나는 이 역량을 통틀어서 '일 센스'라고 부른다. 일 센스는 단지 일의 테크닉을 말하는 게 아니다. 일 센스는 조직에서, 그리고 자기 인생에서 리더로 거듭나는 데 필요한 마인드와 기술, 주요 역량을 총칭한다. 따라서 일 센스가 뛰어난 여자라면 울거나 싸우지 않고도 현명하면서도 정당하게 원하는 것을 얻어낸다. 원한다면 회사에서 높은 자리로 승진할 수 있으며 회사에서 나와도 원하는 일을 하면서 살아갈 수 있다. 그녀들은 재미, 머니, 의미를 한 손에 쥐고 꾸준히 성장하며 지속 가능한 커리어를 만든다. 한마디로 일 센스가 있는 여자는 현명하게 실속을 다 챙기면서도 인정받으며 직장 생활을 해나간다.

'그런 게 정말 가능할까?'란 의구심이 올라오는가? 그렇다면 당신이 일을 대하는 태도에 대해 점검해야 할 시간이다. 직장인들이 회사와 일을 대하는 태도는 크게 두 가지로 나뉜다.

1. 달관형 회사는 원래 그런 거라 기대도 바람도 없다.

"돈 받으면서 재미까지 있으면 반칙이지. 누가 일을 재미로 해? 먹고살아야 하니까 하는 거지."

"회사는 학교가 아니고, 선배는 선생이 아니야. 그러니 회사에서 뭔가 배우고 누군가가 뭔가를 가르쳐줄 거란 기대는 버려."

2. 투사형 회사 따위에 이용되지 않겠다.

첫째도 투쟁, 둘째도 투쟁, 셋째도 투쟁!

"월급보다 더 일하는 건 바보야. 받는 만큼만 해. 누구 좋으라고 열심히 해?"

"어차피 우리는 소모성 부품이야. 결국 버려질 텐데 뭐하러 회사에 충성해?"

주변에서 너무나 쉽게 볼 수 있는 유형일 것이다. 나는 이런 말을 들을 때마다 안타까운 마음에 가슴이 아려온다. 아침마다 오로지 밥벌이를 위해 보이지 않는 목줄에 끌려 출근하는 모습이 그려지지 않는가? 제 살 깎아 먹기인 줄도 모르고 회사와 대립각을 세우면서 시간 낭비하는 삶은 얼마나 소모적인가?

한번 생각해보자. 우리는 정말 회사를 위해 그저 일을 '해주는' 것일까? 그토록 힘들게 취업 관문을 뚫고 들어간 회사에서 착취만 당하고 이용만 당하며 회사를 위해 희생하고 있는 걸까? 달관형과 투사형들은 일부 특수한 사람만이 회사와 일에 재미를 느낀다고 단정한다. 이런 사람들과 어울리면 냉소적이고 회의적인 인간으로 변한다. 자기도 모르게 회사에 대해서 온갖 불평불만만 늘어놓는 사람으로 찍혀 누구도 함께 일하고 싶지 않은 사람이 되고 만다.

일 센스로 무장한 여자는 다르다. 챙길 거 다 챙기고 영리하게 일로 승부를 보는 여자는 달관형도 투사형도 아니다. 그렇다고 동료애가 없고 이기적이며 윗선에 아부하고 회사에만 충성하는 사람도 아니다. 오히려 언제라도 회사에서 나가도 아쉬울 것하나 없어 보인다. 자기 자리에 연연하지 않으며 퇴사 후 하고자하는 일을 위해 영리하게 회사를 이용할 줄 안다. 그러면서도 회사에 기여한다. 즉, 회사와 원원할 줄 아는 사람이다.

최인아 전 제일기획 부사장은 크리에이티브팀 본부장이 된 후팀원들에게 이렇게 말했다.

"남의 일이 아니라 내 일을 하는 것이니 '해준다'는 표현은 맞지 않습니다. 회사를 통해 일할 기회를 얻고, 그러면서 우리는 성장합니다. 회사를 위해 일하는 것이 아니라 자신을 위해, 내 커리어를 위해 일하고 결과로 회사에 기여하는 것이죠. 일을 대하는 자세가 중요합니다. 일을 대하는 자세를 바꾸면 더 많은 성장의 기회를 얻을 수 있습니다."

내가 희생하지 않아도
세상은 잘만 굴러간다

← enter

여전히 무수히 많은 여성이 타인을 위해 희생하고 헌신하느라 가장 중요한 자기 자신을 가장 끝으로 밀쳐두고 살아간다. 맞벌이 부부라 하더라도 집안일이나 자녀 양육 부담은 대부분이 여성의 몫이다. 능력이 출중한 여성들이 회사를 그만두는 시기는 놀랍게도 자녀가 초등학교에 입학할 무렵이다. 아이 인생이 자신의 커리어보다 더 중요하다고 여기기 때문이다.

많은 여성이 '좋은 여자'로 남고 싶어 원하는 것을 소리 내어 말하지 못한다. 자신의 진짜 욕망과 욕구를 억누르면서도 괜찮다고 스스로를 위로한다. 하지만 속은 계속해서 썩어들어갈 뿐이다. 그렇다고 갑자기 악역을 맡는 것 또한 쉬운 일은 아니다. 악역도 해 버릇했어야 할 수 있는 법! 갑자기 나를 변화시키는 것 또한 어색하기 그지없다. 미움을 받으면서도 뻔뻔하게 사는 것도 아무나 할 수 있는 일은 아니다. 그 또한 대단한 에너지가 필요하다.

이런 딜레마를 어떻게 극복해야 할까? 우선 발전을 가로막는 생각 습관들부터 극복해야 한다.

잘못된 습관 1 나만 참고 하면 돼
→ 내가 안 해도 큰일 안 나!

사람들과의 관계를 중시하는 여성은 소중한 사람들의 기대를 저버리는 것을 두려워한다. 그래서 자신이 하고 싶지 않은 일이라도 사랑하는 사람이 원하면 참으며 하는 경향이 있다.

나비 프로젝트에 참여한 영미 씨는 퇴근 후에는 곧바로 집에 와서 상을 차리고, 집안일을 했다. 하지만 그녀는 이제 자기만의 시간을 갖는다. 카페에서 책도 읽고, 유익한 세미나에 참석하기도 한다. 주말이면 아이들에게 엄마표 집밥을 먹여야 한다는 강박이 있었지만, 이제는 주말에는 외식하면서 가족 모두가 행복한 시간을 만든다. 그녀는 그렇게 하면 큰일이 날 줄 알았다고 말한다. 하지만 남편과 아이들은 의외로 순순히 영미 씨의 결정을 받아들였다. 그는 이때를 돌아보며 이렇게 말했다.

"그동안 왜 참았는지 모르겠어. 진작 할걸 그랬어."

잘못된 습관 2 못할 것 같은 건 시작도 하지마
→ 못할 것 같은 일이야말로 진짜 도약할 기회지!

사실 나는 박사과정 1학기 때 심각하게 자퇴를 고민했다. 직장인을 위한 경영대학원에서 석사과정을 마쳤는데 당시엔 영어 논문을 읽을 일이 거의 없었다. 그런데 박사과정 교수님들은 첫 학기부터 영어 논문 과제를 쏟아내기 시작했다. 두 과목 듣는데, 과제가 많을 때는 매주 영어 논문 10개를 읽고 요약하는 보고서를 제출해야 했다. 전략경영이란 과목에서는 학기 초에 발표를 해야 했는데 15페이지짜리 영어 논문을 읽는 데 꼬박 일주일이 걸렸다. 입학 첫 주가 지나자 나는 내 능력에 대한 심각한 회의와 비관에 휩싸였다. 어차피 박사과정을 제대로 하지 못할 테니 등록금 반환이 가능할 때 자퇴하는 것이 낫겠다는 결론에까지 이르렀다.

그때 나를 구원해준 분이 계셨다. 바로 케이 코치님이었다. 케이 코치님은 외국계 기업에서 임원으로 은퇴하시고 비즈니스 코치로 활동하는 분이셨는데, 내가 1인 기업가로 자리 잡고 대학원 공부를 이어가는 데 큰 도움을 주셨다. 노트북을 뒤져보니 그날의 코칭 노트가 남아 있다.

"나는 못할 것 같은 일은 미리 포기하려는 경향이 있다. 아마도 모든 일을 완벽하게 잘하고 싶은 마음 때문인 듯하다. 하지만 내가 못하는 일도 분명 있다. 꼭 해야 하는데 못하는 일이라면 한계를 인정하고 참여에 의의를 두자. 조급해 하지 말고 너무 잘하려 하지 말고 3월을 버리자. 박사과정의 궁극적인 목적을 잊지 말자. 나는 수석 졸업이 아니라 박사과정을 통해 새로운 것을 배우고 익히려는 것이다. 나는 해낼 것이다. 코치님이 인정해주셨다."

그때 내가 자퇴를 했다면 어떻게 되었을까? 아마도 지금쯤 엄청난 후회를 하고 있을 것이다. 박사과정의 모든 과정을 아주 잘해내지는 못했지만 많은 것을 배웠고 또 내가 하는 일에 큰 도움을 받았기 때문이다.

잘못된 습관 3 이미 너무 늦었어
→ 해보고 포기해도 안 늦어

커리어 코칭을 하다 보면 '이미 너무 늦었다'는 생각을 가진 사람들을 자주 만나게 된다. 재밌는 건 그런 생각을 하는 사람의 나이가 정말 다양하다는 사실이다. 도대체 몇 살이면 정말 늦은 것일까?

서른일곱의 경력단절 여성인 재영 씨도 같은 이야기를 했다. 그녀는 아이를 키우느라 벌써 3년이나 공백기를 가졌으니, 자기를 다시 불러줄 회사는 없을 거라 말했다. 설사 지원해도 자기는 들러리나 서게 될 테니 재취업은 포기한다는 것이다. 나는 그녀에게 이렇게 말했다.

"지원을 해보긴 했어? 해보고 포기해도 늦지 않아."

다행히도 재영 씨는 내 응원에 힘입어 3개월 출산휴가 대체인력으로 조직에 복귀했다. 계약직으로는 안 가겠다는 그녀를 설득하느라 얼마나 힘이 들었는지. 어쨌든 그녀는 3개월 동안 자신의 업무를 훌륭하게 해냈고, 다시 집으로 돌아갔다. 그런데 이게 어찌 된 일인가! 육아휴직에서 복귀한 직원이 다른 회사로 이직하면서 그녀는 정직원으로 당당하게 그 회사에 입사하게 된 것이다. 내가 그랬잖아. 늦긴 뭐가 늦어?

●○● 왜 똑똑한 여자들도 희생을 자처할까?

변호사이자 작가인 질 필리포빅Jill Filipovic은 『뉴욕타임스』칼럼 「The Bad News on Good Girl」에서 여성은 성장 과정에서 '굿 걸'로 길러진다고 주장한다. 학교에서 교사의 지시에 잘 따르고 얌전하며 과제를 완수하고 좋은 점수를 받는 소녀가 바로 굿 걸이다.

굿 걸의 태도가 학교에서는 통한다. 그러나 창의성과 적극성, 심지어 기업가 정신까지 필요한 4차 산업혁명 시대의 직장에서는 오히려 마이너스다. 필리포빅은 이렇게 말한다.

"여성이 직장에서 보스보다 헬퍼Helper로 보이면 능력을 제대로 인정받지 못한다. 하지만 여성은 헬퍼의 역할을 거절하기 어렵고, 거절은 성공에도 도움이 되지 않는다."

굿 걸이면 무시당하고, 배드 걸이면 욕먹는 여자의 딜레마라니! 그래서 여성 대부분이 기꺼이 헬퍼의 역할을 떠안고 타인을 위해 자신의 삶을 희생한다.

고정형 사고방식에서
벗어나기

↵ enter

미국 스탠퍼드대학교 심리학자 캐럴 드웩Carol Dweck은 자신의 책『마인드셋』에서 여성은 고정형 사고방식을 가진 경우가 많다고 지적한다. 고정형 사고방식의 소유자는 능력은 타고난다고 보기 때문에 바꿀 수 없다고 믿는다. 하지만 반대로 성장형 사고방식의 소유자들은 노력해서 능력을 개발하고 키울 수 있다고 믿는다. 당신의 사고방식은 무엇인가? 아래에 해당하는 항목이 많을수록 당신은 고정형 사고방식에 가깝다.

나는 고정형 사고방식을 가졌을까?

- 절박하게 자신을 증명하고 또 증명하려고 한다.
- 실수와 실패를 두려워하며 자신의 결점을 드러내기 꺼린다.

- 불완전한 모습을 수치스럽게 여기며 실패로 자신의 가치를 판단하고 정의한다.
- 뭔가를 금방 잘할 수 있다고 기대하고 그 기대에 부응하지 못하면 흥미를 잃거나 여태껏 노력한 자신을 비난한다.
- 결과에만 신경을 쓴다. 결과를 내기까지 무엇을 성취하거나 배웠는지는 중요하지 않다.
- 최종 목표를 달성하지 못하면 실패라고 단정 짓는다. 실패는 똑똑하지 않고 재능이 없고 잘하지 못한 것으로 생각한다.

고정형 사고방식은 왜 생기는 걸까? 심리학자들은 부모나 교사가 과정이나 노력에 대한 칭찬보다는 결과나 재능에 대한 칭찬에 집중하기 때문이라고 말한다. 미국의 사회운동가 레시마 소자니Reshma Saujani가 지은 책 『여자는 왜 완벽하려고 애쓸까 Brave, Not Perfect』에는 재미있는 일화가 등장한다. 미국의 비영리 단체인 걸스 후 코드Girls Who Code의 강사인 브래드 브록뮐러Brad Brockmueller는 교사들이 학생 성별에 따라 다른 피드백을 주어야 한다고 주장한다. 그는 네트워크 케이블 만들기 시간에 있던 일을 다음과 같이 회상한다.

"남학생들은 잘 만들지 못한 케이블을 들고 왔을 때, 가위로 끝을 자르면서 '틀렸어. 다시 해'라고 말하면 군말 없이 그렇게 합니다. 하지만 여학생들은 얼마나 많은 부분을 제대로 했는지 강조하고 거의 성공할 뻔했다고 격려하면 그제야 다시 시도하더군요."

타고난 건지 길러진 건지 분명치는 않지만, 여성은 실패가 두려워 시도조차 하지 않는 실수를 저지르곤 한다. 이젠 늦었다며 지레 포기하고 타인을 위해 하고 싶은 일을 참는다. 머리로는 그러지 않겠다고 생각해도 막상 또 비슷한 상황에 부딪히면 희생을 자처하게 된다.

'포기할까?' 하는 생각이 스멀스멀 올라오면 나를 응원해주고 지지해주는 사람들을 만나 용기를 충전하자. 또 뭔가 기막힌 도전을 하는 여성들이 있다면 그들을 보며 '나도 할 수 있다'라고 마음을 다잡아보자.

마지막으로 자신의 실패를 자축하는 게 중요하다. 아무것도 하지 않는 것보다는 실패하는 게 낫다. 욕을 먹고 사람을 잃을게 두려워 아무것도 하지 않는 게 더 손해다. 욕 좀 먹는다고, 미움받는다고 큰일 나지 않는다. 내가 아무리 좋은 사람이어도 어떤 무리에서 나를 싫어하는 사람은 반드시 존재한다. 어떻게 해도 당신은 절대 100퍼센트 좋은 사람이 될 수 없다. 따라서 좋은 사람이 되고자 하는 강박은 당신을 옭아매어 정작 '스스로에게 이롭지 않은 사람'이 될 뿐이다. 나 자신에게 좋은 사람이 남에게도 좋은 사람이 되지 않겠는가?

많은 여성이 타인보다 자신을 먼저 챙기는 것을 이기적인 행동이라 여긴다. 그런데 한번 생각해보자. 나를 먼저 챙기는 게 어때서? 내가 진짜 원하는 것을 억누르면서까지 남을 위해 희생하는 삶만이 고귀할까? 그렇게 해서 내 건강과 행복, 자유를 잃는 게 과연 멀리 보았을 때도 옳은 선택일까? 건강, 행복, 자아실현, 성공, 전문성, 경제적 자유, 꿈 등 진짜 내가 쟁취하고 싶은 것을 한없이 유예하다 보면 어느새 나 자신은 어디에도 존재하지 않는 비극을 맞이하게 된다.

우리는 문제에 부딪혔을 때 회피하는 사람을 두고 비겁하다고들 한다. 그런데 남이 어려움에 처했을 때는 소매를 걷어붙이고 해결하려고 하면서 정작 자신은 안중에도 없이 살아가는 사람들도 있다. 나는 이런 사람이야말로 가장 비겁한 사람이라 생각한다. 자신을 맨 끝으로 밀어두고 스스로의 욕구를 외면하며 살아가는 사람 말이다. 삶에서 그 어떤 것도 나 자신보다 우위에 있을 수 없다. 내가 존재해야만 타인도, 세상도 존재한다. 내가 나에게 이로운 행동을 할수록 내 주변도 이로워지는 법이다. 내가 원하는 것, 나의 진짜 욕구를 외면한 채 다른 사람만 행복하게 만드는 것, 이야말로 가장 비겁한 행동이 아닐까?

'저 사람은 참 자기답게 산다'고 느껴질 때, 그 사람을 더 응원하고 싶고, 함께하고 싶어지기 마련이다. 나 자신을 위해 살다 보면 내 동지들이 하나둘씩 보이기 시작할 것이다. 도전하는 사람 곁엔 적도 있지만, 그 누구보다 끈끈하고 든든한 아군들도 존재한다. 이렇게 나 자신을 위해 살면서 얻은 실패는 내 문제점과 직면하게 함으로써 스스로 성찰하고 더 성숙한 사람이 될 기회가 되어준다. '실패 이력'이 모여 '성공 이력'이 된다는 믿음으로 용기 있게 부딪혀보자.

Chapter 2

챙길 것 다 챙기면서
일로 승부 봅시다

똑똑하게 관계 맺고 존재감 드러내기

밤새 술 마시는 게
정치는 아닐 텐데요

@

"저 사람은 정치를 참 잘해."

사회생활을 하다 보면 이런 평가를 받는 사람들을 만나게 된다. 이런 평가에는 진짜 실력보다는 '아부'로 내공보다는 '외공'으로 승부한다는 의미가 깔렸다. 정공법이 아니라 '편법'으로 대결하는 사람이라는 뉘앙스를 풍기기도 한다. 그러나 이런 사람들을 보고 있으면 마음 한편에서 '회사는 나보다 일도 못하는 저 인간을 왜 인정해주는 걸까?' 하는 질투의 마음과 '시키는 대로 열심히 일만 해왔던 내가 손해를 보고 있다'라는 억울한 마음이 스멀스멀 올라온다.

직장 생활 10년까지는 일 잘하는 사람이 인정받는다. 하지만 10년이 지나면 정치를 잘 하는 사람이 앞서간다. 왜 그럴까? 프로 정치러만 인정받는 더러운 세상이라서? 아니다. 서른다섯 즈음이 되면 혼자가 아니라 누군가와 함께 일해야 하는 위치가 된다. 또한 실무가 아니라 누군가를 설득하고 의견을 조율해야 한다. 그래서 정치란 게 필요한 것이다.

현실은 이렇지만, 나는 이미 알고 있다. 당신은 정치의 '정' 자만 나와도 '질색팔색'하는 여자라는 것을. 나도 그랬다. 나도 한때는 더러운 정치에 개입하느니 회사를 떠나는 게 낫다고 생각했다. 그러나 지금은 생각이 완전히 바뀌었다. 우리는 '정치'에 대해 너무 많은 선입견을 품고 있다. 문제는 이 선입견이 당신의 성장, 그동안 쌓아온 이력 등을 계속해서 가로막고 심지어 도태되게까지 한다는 것이다. 30대 중반부터 직장 생활에서 가장 중요한 역량이 '정치력'임에도 자꾸만 이 사실을 부정하고, 계속해서 대리급 실무자의 마인드, 즉 '정치가 아닌 실력'으로 승부하겠다는 생각으로 일하다가 번아웃되거나 환멸을 느끼며 그 판을 떠나버리는 일까지 발생한다. 그렇게 그동안 쌓아온 커리어가 한순간에 무너지기도 한다.

도대체 '정치'란 무엇일까? 표준국어대사전을 찾아보면 정치란 '나라를 다스리는 일. 국가의 권력을 획득하고 유지하며 행사하는 활동으로 국민들이 인간다운 삶을 영위하게 하고 상호 간의 이해를 조정하며 사회 질서를 바로잡는 따위의 역할'이라고 나와 있다. 그러니까 정치의 본래 의미는 아주 좋은(?) 거다. 흔히 생각하는 비리나 권모술수와는 거리가 멀다.

『그 여자, 정치적이다』에서 작가 박재희는 '상황과 맥락을 감지하고 유연하게 변화하여 성공하는 능력'을 '사회적 감수성Social Sensibility' 즉 정치력이라고 정의한다. 그녀는 회사에서 다음과 같은 질문을 곱씹으며 눈물 흘린 적이 있다면 당신에게 필요한 것이 '정치력'이라고 단언한다.

나는 정치력이 필요한 사람일까?

- 왜 일은 내가 제일 열심히 하는데 인정받는 사람은 따로 있지?
- 무엇 때문에 나는 결정적인 기회마다 뒤로 밀릴까?
- 나의 진심을 왜 알아주지 않는 걸까?
- 어째서 좀 더 영리하게 행동하지 못했을까?

나도 그랬다. 팀장이 되고 나서 제일 좌절한 건 실력이 없어서도 평판이 안 좋아서도 나이가 많아서도 아니었다. 그저 나에게 정치력이 없다는 사실, 그 하나가 너무나 고통스러웠다. 나는 좋아하는 사람과는 잘 지내고 성과도 잘 내지만 싫어하는 사람과

는 말도 섞기 싫어하는 극단적인 호불호의 소유자였다. 실무자
일 때는 업무 능력으로 인정받아도 되기에 그런 게 중요하지 않
았지만 리더가 되고 나니 그렇지 않았다. 마음이 가지 않는 사
람과도 적극적으로 만나 이야기 나누고 협조를 이끌어내야 하
는데 그 또한 쉽지 않았다. 내가 이중적인 사람이 되는 것만 같
고, 내가 좋아하지 않는 사람과 타협하면 진정성에 어긋나는 부
끄러운 일이라고 단정했기 때문이다. 그러다 보니 결정적인 기회
를 잡을 수 없었고 괜한 오해를 사기도 했다. 그리고 이런 우유
부단한 태도 때문에 나뿐 아니라 우리 팀원들에게도 피해가 갔
다. 사실 이 부분이 제일 괴로웠다.

　정치라면 질색하는 사람도 30대 중반 이후부터는 정치를 피
해갈 수가 없다. 경력개발 컨설팅 및 코칭 전문가인 머리 매킨타
이어Marie McIntyre는 『나는 왜 출근만 하면 예민해질까』란 책에서
이렇게 말한다.

　　"회사는 원래 정치판이다. 그리고 세상은 공평하지 않다. 어느 곳이
　　든 권력을 가진 사람이 승리한다. 정치 게임에서 승리한다는 것은
　　자신이 중요하게 여기는 목표를 달성하기 위해 필요한 정치력을 확
　　보한다는 의미다. 정치란 당신이 생각하는 나쁜 것이 아니다. 회사

에서의 정치력은 '영향력'이며 영향력은 자신이 원하는 바를 남이 행하도록 만드는 능력을 말한다. 정치적으로 영리한 사람들은 공평함보다 영향력에 관심을 갖는다. 영향력을 충분히 갖추면 공평함은 더 이상 문제가 되지 않기 때문이다."

물론 안다. 이것만으로는 당신의 정치에 대한 생각을 바꾸기엔 충분하지 않다는 것을. 하지만 정치를 부정하고 불편해하는 당신도 이 사실은 인정할 것이다. 회사에서는 '새로운 자아'가 필요하고 우리는 더 영리하게 원하는 것을 얻어낼 필요가 있다는 것을. 세상이 변하고 있다. 이제 정치를 하기 위해 새벽까지 술을 마시거나 헐벗은 모습으로 함께 사우나를 해야 하는 건 아니다. 그런 것을 하지 않고도 원하는 것을 손에 넣을 방법은 무궁무진하다. 그러니 좌절 금지!

갈등이 싫은 건
뇌 때문이야

@

　팀장 시절, 나를 가장 힘들게 했던 것은 팀원들과의 갈등이었다. 당시 우리 팀에는 두 명의 터줏대감이 있었다. 한 명은 명석한 두뇌에 뛰어난 정치력을 겸비한 전략가로 팀에서 처리해야 할 중요한 업무를 대부분 담당했다. 임원들의 발표 자료에는 그가 뽑은 자료가 올라갔고 어느 영업팀에 영업 사원을 몇 명 배치할지도 그의 계산에서 나왔다. 그런 일을 하다 보니 대리 직급임에도 윗분들과 가깝게 지냈다. 그는 소위 '상무처럼 일하는 대리'였다. 나머지 한 명은 나와 비슷한 나이에, 입사한 지 20년이 넘은 직원이었다. 그녀는 자기가 맡은 일에 철저하고 성실했다. 역시 한 회사에서 20년 넘게 버텨온 저력이 있었다. 하지만 그녀는 자기에게 주어진 일만 하려 했다.

바로 이 두 명의 터줏대감이 있는 팀에 내가 낙하산으로 팀장 발령을 받은 것이다. 나는 이들이 두려웠다. 그들은 나보다 훨씬 전문가였고 풋내기 팀장의 권위 따위에 굴복할 사람들이 아니었다. 한 사람은 내 지시를 노골적으로 무시했고 한 사람은 알면서도 모르는 척을 했다. 그러면서 갈등이 빚어졌고 나는 점점 더 그들을 피했다. 그러면서 나는 무능한 팀장으로 낙인이 찍혔고 해야 할 일까지 못 하게 되는 지경에 이르렀다.

이런 비슷한 상황에 놓인 여성들에게 여기 좋은 핑곗거리가 있다. 놀랍게도 여성들이 갈등을 피하려 하는 건 뇌 때문이다. 여성의 뇌는 가능한 한 갈등을 피하려 한다. 갈등 상황에서도 원하는 결과를 끌어내려면 정치력을 발휘해야만 하는데, 상대에게 화를 내면 관계가 끝장날 수 있다는 두려움이 자꾸만 안 좋은 상황을 피하게 만드는 것이다.

여성의 뇌는 남성의 뇌에 비해 갈등 상황에 대해 부정적인 신호를 많이 보낸다. 남성은 갈등과 경쟁을 즐기고 그것을 통해 활력을 얻지만, 여성은 갈등이 발생하면 스트레스를 받고 상심한다. 심지어 갈등이 있을지도 모른다는 짐작만으로도 여성의 뇌는 관계에 대한 위협으로 해석한다. 그래서 대다수의 여성에게 정치란 도무지 하고 싶지도 않고 할 수 없는 일로 여겨진다.

이는 공감 능력과도 연관이 깊다. 여성들이 그만큼 감정을 잘 읽기 때문에 예민하게 반응하는 것이다. 그러나 특히 일터에서는 이 강점이 약점으로 작용할 때가 있다. 공감 능력이 뛰어난 사람은 상대의 감정에 휘둘리기 쉽다. 화합을 중요하게 생각하는 사람은 상대의 기분이 상할까 두려워서 하고 싶은 말을 못한다. 책임감이 강한 사람은 책임감에 눌려 과도한 스트레스를 받는다. 또한 누군가의 부탁을 거절하는 일에 서툴다.

이러한 여성의 약점을 극복하려면 어떻게 해야 할까? 자신이 당연하게 생각하는 것을 한 발 떨어져 살펴보는 연습을 하면 도움이 된다. 미국의 정신과 전문의 대니얼 에이먼Daniel Amen 박사의 'ANT 치료법'을 살펴보자. ANT란 저절로 일어나는 부정적인 생각, 'Automatic Negative Thought'의 약자이다. 당신도 혹시 다음과 같은 부정적인 사고에 빠진 것은 아닌지 점검해보자.

나도 혹시 부정적 사고에 빠져 있을까?

1. 일반화하기

상황을 과장해서 '항상, 절대, 누구나, 매번' 그렇다고 생각함

"이런 멍청한 실수를 하다니. 난 회사에서 쫓겨나고 말 거야."

2. 부정적 사고와 숙명적 사고

나쁜 점만 강조하고 향후 일어날 일을 부정적으로 단정 지음

"새로운 팀장이 온다니 걱정이야. 정말 이상한 사람이 아니라면 우리 팀에 왜 오겠어?"

3. 지레짐작하기와 죄책감

자의적으로 단정 짓고 자신에게 뭔가를 강요함

"이번에 승진에서 누락된 건 회사에서 나가라는 신호를 준 거야. 다 내 탓이지."

4. 꼬리표 달기와 개인화하기

자신이나 남에게 부정적 꼬리표를 달고 과도하게 자신만의 의미를 부여함

"어제 회의 시간에 이사님이 내가 만든 자료를 지적하셨어. 난 완전히 찍혔어. 망했다."

부정적인 생각과 감정에 빠졌다면 다음의 질문들을 통해 객관적이고 이성적인 접근을 시도해 봐야 한다. 당신은 쓸데없는 걱정에 빠져 있는지도 모른다. 긍정심리학의 창시자인 마틴 셀리그만

Martin Seligman에게서 낙관성을 키우는 ABCDE 기법을 배워보자.

쓸데없는 걱정을 없애는 ABCED 기법

1. Adversity 사건 사실에 대한 순수한 기록

"어제 회의에서 상무님이 내가 올린 보고서에 대한 문제점을 여러 개 지적하셨어."

2. Belief 믿음 나쁜 일에 대한 본인의 해석

"직장 경력 10년이 넘었는데 아직도 이런 지적을 받다니 난 정말 일을 못해. 요즘 회사 사정도 안 좋은데 이러다 난 결국 쫓겨나고 말 거야. 나이도 많은데 나를 받아주는 회사가 있을까? 아직 결혼도 안 했는데 내가 돈을 안 벌면 어쩌나. 독거노인이 되긴 정말 싫어."

3. Consequence 결과 자신의 감정이나 행동의 기록

"이런 나에게 너무 화가 나고 실망스러워서 밤새도록 울었어. 내 미래가 참담하단 생각이 들어서 꼼짝하기도 싫더라고."

4. Disputation 반박 믿음과 결과를 다음 네 가지 측면에서 반박;

그것이 사실인가(증거) 다르게 볼 여지는 없나(대안) 그래서 어떻

다는 것인가(함축) 그것이 어디에 쓸모가 있나(유용성)

"상무님의 지적 중에는 나의 실수나 오류도 있었지만, 더 나은 보고서를 위한 건설적인 의견도 있었어. 그리고 사실 지난달 회의에서는 상무님께 칭찬을 받은 적도 있었지. 그러니까 내가 일을 못하는 사람이라는 판단은 너무 과해. 일단 상무님의 지적 중에서 숫자 오류는 앞으로 발생하지 않도록 조치를 취해야겠어. 상무님 보고 전에 꼼꼼하게 다시 한번 확인하고 팀장님께도 리뷰를 부탁하는 것이 좋겠어. 그리고 최근에 상무님 지적 사항을 검토해서 상무님이 어떤 것을 중요하게 여기시는지 분석해봐야겠어. 사소한 실수에 너무 비관적인 생각을 하는 것은 나에게 전혀 도움이 되지 않아. 기운을 내보자."

5. Energization 활기 반박을 통해 다시 활기를 되찾기

"회의 때 지적을 받았다고 직장 생활이 끝나는 건 아니야. 그런 지적을 받지 않도록 노력하는 게 중요하지. 앞으로 조금만 더 신경쓴다면 잘될 거야. 너무 걱정하지 말자."

●○● 여성은 왜 갈등을 불편해할까?

미국 임마누엘대 조이스 베넨슨Joyce Benenson 교수와 하버드대 리처드 랭엄Richard Wrangham 교수가 국제 학술지 『커런트 바이올로지』에 아주 흥미로운 연구 결과를 발표했다. 44개국에서 열린 권투, 테니스, 배드민턴, 탁구 경기의 영상을 분석한 결과, 경기가 끝나고 상대를 포옹하거나 위로의 말을 건네는 시간이 남성이 여성의 두 배나 된다는 것. 여성 권투선수들은 평균 2.76초 동안 상대와 인사를 나누었는데 남성 선수는 여성 선수보다 125퍼센트 더 길게 인사했다. 연구진은 이런 행동이 오랜 진화의 산물이라고 추정한다. 실제로 수컷 침팬지는 늘 다투면서도 또 쉽게 화해한다. 덕분에 사냥이나 영역 다툼에서 강력한 협력 관계를 유지할 수 있다.

이처럼 남자는 경쟁을 하나의 게임으로 인식한다. 그리고 목적이 같다면 좋지 않은 감정을 한쪽에 밀쳐두고 잘 지낼 수 있다. 남자 동료들이 서로 으르렁대다가 술 마시고 풀었다며 아무 일도 없었다는 잘 지내는 모습을 본 적이 있을 것이다.

미국의 신경정신과 의사인 루안 브리젠딘Louann Brizendine은 『여자의 뇌』에서 여성의 뇌, 감정과 행동에 대한 비밀을 풀어놓는다. 생후 14시간도 채 되지 않은 여아는 남아보다 다른 아기들의 울음소리에 더 민감한 반응을 보인다. 생후 1년 된 여아들은 슬퍼 보이는 사람에게 특히 더 많은 반응을 보인다. 다른 사람의 감정에 상처를 입히지 않을지를 판단하는 능력에서 여자는 남자보다 3~4세 정도 앞선다.

브리젠딘은 여성의 거울반사Mirroring 신경세포 때문이라고 말한다. 과학자들은 여성의 뇌에는 남성의 뇌보다 훨씬 많은 거울 신경세포가 존재할 것으로 추정한다. 이로 인해 여성은 상대의 몸동작, 호흡, 시선, 표정을 쉽게 모방할 수 있다. 이처럼 '관계'를 중시하는 뇌의 프로그램 때문에 여성이 상대의 표정과 목소리에서 상대방의 감정과 속마음을 읽어내는 능력이 탁월한 것이다.

암컷 영장류의 뇌는 '유대 관계를 상실하면 너와 너의 새끼들은 더 힘센 동물의 먹잇감이 된다'고 경고한다. 수컷보다 덩치가 작은 암컷은 성질이 난폭한 수컷들의 공격에 맞서기 위해 다른 암컷들과 되도록 더 많이 관계 맺고 연대해야 했다. 또한 좋은 관계를 맺기 위해 상대의 감정과 속마음을 읽어 조화를 꾀할 능력이 필요했다.

여성의 뇌에 맞는
정치력

@

서른 중반부터는 정치력을 갖춰야만 뚫고 나갈 수 있는 문제들과 수없이 대면하게 된다. 어차피 거부할 수 없다면 그냥 부딪히는 게 낫다. 도대체 그놈의 정치가 뭐기에 그토록 정치, 정치하는 걸까?

우리는 그동안 정치에 대해서 잘못 알고 살았다. 정치란 사사로운 이익을 위해 비굴하게 아부하거나 실세라 불리는 누군가의 동아줄을 잡기 위해 줄을 서는 부정적인 의미의 얄팍한 처세술이 아니다. 또한 피도 눈물도 없이 누군가를 해치거나 짓밟고 올라가 정상을 차지하는 냉혈한의 생존 기술도 아니다. 정치력이란 자신이 원하는 것을 얻기 위해 기민하게 움직이는 지적 능력을 말한다. 또한 나의 성과를 제대로 인정받고 내 사람을 지키기 위한 정보력과 전략적 유연성을 의미한다. 내 편이 아닌 사람을 내 편으로 만드는 극강의 사교술이자 설득 기술이다. 비굴하거나 요란스럽지 않게 내 페이스대로 일하며 우아하게 회사 생활을 하고 싶은 여성이 갖추어야 할 것이 바로 '정치력'이다.

그렇다면 여성의 뇌와 감성에 맞는 정치력을 키우기 위해서는 어떻게 해야 할까?

첫째, 실질적인 도움을 준다. 나는 종종 오지랖을 발휘해 사람과 사람을 연결한다. 예를 들어 난임으로 고생하는 후배에게 난임을 극복한 지인을 소개해주었다. 그랬더니 대부분 위로만 하지 이렇게 구체적인 도움을 주는 경우는 없다는 반응이 돌아왔다. 모 기업의 CEO로 취임한 지인을 위해서는 협업이 가능한 사람 몇을 소개해주었다. 대기업에서 기업문화 담당자로 일하는 지인에게는 유익한 기업문화 콘퍼런스에 함께 가자고 청하고, 영향력 있는 전문가와 인연을 만들어주었다. 이런 오지랖이 쌓이면 정치력이 올라간다. 사람들은 도움을 받으면 도움을 주고 싶어 한다.

둘째, 뭔가를 먹인다. 영화 「웰컴 투 동막골」의 촌장에게 인민군 장교가 묻는다. "위대한 영도력의 비결이 뭐요?" 그러자 촌장이 답한다. "머를 마이 멕에이지." 그렇다. 누군가를 내 편으로 만들고 싶다면 뭔가를 먹이면 된다. 각자의 사생활이 있으니 저녁보다는 점심이 좋다. 그래야 시간과 비용도 절약된다. 함께 카페에 간다면 기꺼이 찻값을 계산하자. 출장이나 여행을 다녀왔다면 소소한 선물을 준비하자. 카카오톡 선물하기를 통해 센스 있는 선물을 보내보자(나는 과일즙이나 치킨 세트를 애용한다). 사람들은 누군가에게 대접을 받으면 무의식적으로 부채 의식을 느끼며 그 부채를 해결하기 위해 정보를 물어다 주고 비즈니스 기회를 제공한다.

셋째, 가장 중요한 것은 '정치를 하지 않겠다'는 생각에서 벗어나야 한다. 사람들은 실패할 경우를 대비해 자신을 보호하려고 한다. 그래서 정치를 하지 않는 것은 자신의 선택이라고 말한다. 세계적인 석학 제프리 페퍼Jeffrey Pfeffer는 이러한 자기 불구화Self-Handicapping 경향이 당신이 실제로 할 수 있는 일마저 못 하게 한다고 경고한다. 그러니 핑계는 그만 대고 정치력을 높이기 위해서 해야 할 일을 찾아보자. 그렇게 하면 사람들에게 미움받을 것 같다고? 앞에서 말했듯 그건 여성의 뇌 때문에 생긴 과민반응일 수 있다. 대부분의 사람들은 타인에게 관심이 없다. 당신이 정치력을 발휘하기 위해 뭔가를 한다고 해도 인생을 뒤바꿀 만큼 심각한 갈등이나 관계의 파탄은 일어나지 않을 것이다.

남을 이유보다
떠날 이유가 더 많을 때

@

헤드헌터로 일할 때, 싱가포르에서 온 모 기업의 인사 담당자가 이런 질문을 한 적이 있다.

"재키, 한국 여성들은 다 똑똑한 것 같아요. 내가 만나본 지원자 중 여성이 남성보다 훨씬 우수하네요. 이유가 뭐죠?"

"당연하죠. 한국에서는 여성이 남성보다 여러 가지로 불리하기 때문에 남성보다 우수하지 않으면 취업이 어려워요. 그래서 같은 3년 차라고 해도 여성이 남성보다 뛰어나죠. 출발선부터 여성들이 우수한 상태로 시작하니까요."

당신이 남성이라면 기분이 상할 수도 있겠지만 사실이다. 개인차가 있고 담당 업무에 따라 다르기는 하지만 대체로 여성이 남성보다 업무 능력이 우수하다.

그런데 이 공식이 뒤바뀌는 시점이 온다. 바로 30대 중반이다. 그 이후부터는 2라운드가 시작되고 완전히 다른 게임 룰이 적용되기 때문이다. 이렇게 게임 룰이 바뀌었는데도 1라운드에서 본인이 잘 구사하던 기술을 계속 사용하다 보면 여성이 점점 설 자리가 줄어든다. 거기다 회사는 친절하게도(?) 여자로서 일하는 것의 한계를 절실하게 실감하게 해준다. 이런저런 일을 겪으면서 나는 리더 자격도 없고 무능력한가 보다, 이 일이 내 적성과 잘 안 맞나 보다, 아이까지 키우면서 일할 능력이 안 된다 등등 회사를 떠나야 하는 구실이 많아진다.

전문가들은 여성이 회사를 떠나는 주된 이유로 다음 두 가지를 꼽는다.

첫째, 일-가정 양립 문제 때문이다. 회사에 대한 충성심을 가장 중요한 덕목으로 생각하는 우리나라 기업조직은 회사에 남아 늦게까지 일하고 회사가 부르면 언제든 달려갈 수 있는 직원을 원한다. 이런 상황이니 자녀를 양육하는 여성은 버티기 힘들다. 우리나라 여성의 경제활동 참여 통계에서 가장 두드러지는 특징이 하나 있다. 바로 OECD 국가들에서는 거의 사라진 M자형 연령별 경제활동 분포가 여전히 존재한다는 것이다. 경쟁력 있는 경력 자본을 축적해야 하는 30대라는 중대한 시기에 여성 근로자는 일뿐 아니라 출산과 육아, 가사 노동의 책임을 지고 괴로워하다가 결국 노동시장에서 이탈하는 것이다.

둘째, 불공정한 인사 관행 때문이다. 2020년 대한상공회의소가 진행한 조사에 따르면, 여성 직장인의 71퍼센트는 회사 생활 전반에서 남성보다 불리하다고 느낀다. 특히 승진과 관련해 여성 직장인의 64퍼센트는 유리천장이 존재한다고 보고 45퍼센트는 기업에서 여성 관리자 임명을 기피하는 분위기가 있다고 답했다. 성과 평가에서도 여성을 상대적으로 낮게 평가하고 있다는 응답이 67퍼센트, 업무 기회 측면도 여성이 불리하다는 응답이 66퍼센트나 되었다.

2019년 기준, 우리나라의 성별 임금 격차는 32.5퍼센트로 OECD 국가 중 가장 크다. 육아휴직을 다녀왔다고 업무 평가를 낮게 받거나 같이 입사한 남성 동기가 군대 복무 기간을 근무 경력으로 인정받아 먼저 승진하면, 여성은 '이 회사에서 내가 뭔가를 해내기는 힘들겠구나' 하는 생각이 들기 마련이다.

이런 관행 속에서 여자는 남아 있을 이유보다 떠나야 할 이유를 찾는다. 분노와 억울함이 치밀어 오르고 당장이라도 때려치우고 싶다. 그러자 이런 곳에 남아 있는 것보다는 떠나는 것이 낫다는 결론이 떠오른다. 아무리 버텨봐야 바뀔 것은 없으니까.

　하지만 그럼에도 나는 당신이 만약 위와 같은 이유로 회사를 그만두려 한다면 다시 한번 생각해볼 것을 강력하게 조언하고 싶다. 떠날 용기와 각오로 바꿀 수 있는 것은 최대한 바꿔보고 떠나라고 말해주고 싶다. 지금 이곳을 바꾸지 못하면 다른 곳에서도 역시 다르지 않을 테니까. 지금 우리가 앞 세대의 여성들보다 더 나은 삶을 누리고 있는 것은 떠나지 않고 버텨준 여성이 있기 때문이다. 지금 나의 자리를 버티는 것, 그 자리를 지켜나가는 것만으로도 세상을 바꾸는 일이 된다.

그들이 틀렸음을
증명하라

@

『뉴욕타임스』에 서울의 주목할 만한 페미니즘 공간으로 소개된 울프소셜클럽을 운영하는 김진아 씨. 그녀는 유명 광고회사에서 아주 잘나가는 카피라이터였다. 현대자동차, 현대카드, KT 올레, 박카스 등 그녀가 진행한 다양한 광고가 성공적인 결과를 끌어냈다. 그러한 성과를 인정받아 그녀는 8년 차에 팀장이 되었다. 꽤 빠른 승진에 파격적인 인사였다. 그때를 회상하며 그녀는 이렇게 말한다.

"일밖에 모르고 미친년처럼 일하던 시절이었죠."

그러던 중 30대 중반이 되었을 때 일생일대의 사건이 벌어진다. '능력이 있다면 인정받고 성공할 수 있다'는 믿음을 산산조각 내버린 회대의 사건. 그것은 그녀가 남성 팀장에게 밀려 승진에서 제외되고 팀장에서 팀원으로 좌천된 것이었다. 본부장은 남성 팀장이 '결혼도 했고 아이도 있고 너보다 나이도 많으니 양보하라'고 말했다. 그러나 그녀는 회사의 결정을 받아들일 수 없었다. 자신보다 성과가 떨어지는 사람에게 밀리는 일은, 그녀의 자존심이 허락하지 않았다. 그렇게 그녀는 하루 만에 회사에 사표를 던졌다.

진아 씨가 당한 일은 분명 부당하다. 성과가 떨어지는 사람을 나이가 많고 결혼했고 아이가 있다는 이유로 승진시키는 조직은 성과주의보다는 온정주의적 조직문화를 가진 회사일 것이다. 그런 상황에서 진아 씨가 분노한 것은 당연하다. 하지만 분노가 끝이어서는 안 된다. 분노를 가라앉히고 냉철한 이성으로 원하는 것을 요구해야 한다. 내가 만약 사표를 던지려는 그녀를 만났다면, 이렇게 말했을 것이다.

"사표 내는 게 가장 쉬운 거예요. 그건 지는 겁니다. 피하지 말고 남아서 그들 선택이 잘못되었다는 것을 입증하세요. 그리고 회사를 바꾸세요. 그게 진정으로 이기는 겁니다."

회사에 남아 있든 자기 사업을 하든 전업주부가 되든 무엇에도 얽매이지 않는 자유로운 영혼으로 살든 그건 개인의 자유다.

어떤 인생도 존중받을 가치가 있다. 하지만 분명 절이 싫어 중이 떠나는 상황은 뭔가 아쉬움이 남는다.

관행이라 불리는 불공정하고 불합리한 제도를 뜯어고치기 위해서는 떠나지 말고 그곳에 남아 목소리를 내야 한다. 그게 현실적으로 가당키나 한 얘기냐고? 그런 여자가 어디 있냐고? 나는 그런 여자를 수없이 봐왔다.

대기업 인사팀에서 일하는 윤정 씨는 여직원들에게 항상 듣는 하소연이 있었다. 육아휴직을 다녀오면 팀장이 '너는 일을 안 했으니 이번 성과평가에서 고과를 깔아줘야(?) 한다'는 압력을 받는다는 것이었다. 육아휴직을 간다는 것은 곧 팀장에게 미움을 받는 길이고 다녀오면 업무평가는 C가 예약되어 있는 상황. 그래서 여직원들은 육아휴직이 두렵다고 했다. 한 해 업무평가 결과가 좋지 않으면 승진 대상에서 제외되고 연봉도 오르지 않아 여러 가지로 피해가 있기 때문이다.

결국 윤정 씨는 고민 끝에 인사 담당 임원에게 보고를 했다. 여직원들의 목소리를 담고 경쟁사에서 실행 중인 제도를 벤치마킹한 새로운 인사제도를 제안한 것이다. 그런데 의외로 임원은 그녀의 이야기를 순순히 들어주었다. 회사 안팎으로 여성 인재를 육성해야 한다는 분위기가 조금씩 고조되는 상황이었기 때문일 것이다. 윤정 씨의 노력 덕분에 그 회사 여직원들은 이제 육아휴직을 다녀와도 보통(B) 수준의 고과를 보장받게 되었다. 여기에 더해 자동 육아휴직 전환제가 도입되어 출산휴가를 내면 자동으로 육아휴직이 신청되는 제도도 만들어졌다. 아울러 육아휴직자 복귀지원 프로그램을 통해 육아휴직 후 업무 적응을 돕고 일-가정 양립의 어려움을 해소할 수 있게 되었다. 한 사람이 쏘아 올린 신호탄이 큰 변화를 이끌어내고 여성들의 행복에 기여한 것이다.

모 기업의 여성 인재 워크숍에 특강 강사로 나가 '여성을 가로막는 심리적, 조직적 장벽들을 넘어서기 위해 무엇을 해야 할까?'라는 주제로 조별 토론을 한 적이 있다. 이때 가장 많이 나온 의견은 '자기주장과 불편함을 솔직하게 이야기하는 자신감과 당당함을 갖자'였다. 우리는 그동안 너무 많이 참았다. 침묵은 암묵적 수용으로 받아들여진다. 지레 겁먹지 말고 부딪혀보자. 부딪혀보면 생각보다 그 문제에 공감하는 사람이 많다는 것을 알게 된다. 그러니 일단 용기를 내어 목소리를 내보자. 그래야 더 많은 여성이 회사에서 더 오래, 더 행복하게 일할 수 있다. 먼저 나 자신부터 그녀들의 롤 모델이 되어주자.

●○● 정당한 요구를 하는데 왜 두려울까?

카네기멜런대학의 린다 뱁콕Linda Babcock과 작가 사라 래시버Sara Laschever는 카네기멜런대학 MBA 졸업생들을 추적한 결과, 남성의 초봉이 여성보다 높다는 사실을 발견했다. 여기까지는 누구나 예상할 만한 결과지만 그 이유가 더 충격적이다. 주요한 이유는 남성이 여성보다 상대적으로 높은 연봉을 요구하기 때문이었다. 회사와 적극적으로 연봉 협상한 사람의 비율은 남성이 57퍼센트지만 여성은 7퍼센트에 불과하다. 더 요구하는 남성은 여성보다 더 많은 것을 가져간다. 여자는 돈을 더 달라고 하면 '돈만 밝히는 못된 여자'로 보일까 두려워 마음에 들지 않는 연봉 계약서에 서명하고 만다.

여적여의
진실

대부분 조직에서 여성은 '토큰Token'이다. 토큰이란 소수자를 통합한다는 제스처를 보이기 위해 리더로 발탁되는 상징적인 인물을 말한다. 또한 여성들은 성 역할과 리더의 역할이라는 상호모순적인 요구를 받아 이러지도 저러지도 못하는 이중구속Double Bind 딜레마에 처하게 된다.

예를 들면 이렇다. 이야기를 잘 들어주고 온화한 모습을 보이면 '저렇게 만만하게 보여서 리더 역할을 할 수 있겠어?'라는 평가를 듣는다. 반대로 결단력이 있고 확신에 찬 모습을 보이면 '여자가 조신하지 못하게 왜 저래?'라는 평가를 듣는다. 이러한 상황에서 리더가 된 여성은 '조직에서 원하는 리더의 모습'을 추구하게 되고 자신의 성공 방식을 맹신하게 된다. 남성 중심적인 조직에서 남성의 옷을 입고 임원이 된 1세대 여성 임원들의 모습을 떠올려보라. 어렵게 올라간 그녀들은 조직에서 강력한 카리스마와 추진력을 높이 사 임원이 되었을 것이다.

그렇게 살아남은 그녀는 '독하다, 냉혈한이다'란 평가를 듣게 된다. 아무리 그런 평가가 싫어도 살아남기 위해 더 과잉된 모습의 '센 여자'가 되어간다. 그렇게 자신의 생존 방식을 부하 직원에게 강요하게 되고 결국 같은 여자들로부터도 손가락질을 받게 되는 것이다. 그렇다면 결국 여자의 적은 여자란 말인가?

은정 씨는 자신을 혹독하게 다루는 여성 임원 때문에 사표를 품고 산다. 그녀는 회사에서 입지전적인 인물로 '최연소 여성 팀장'에 '최연소 여성 임원'까지 그녀를 설명하는 수식어는 화려하기 그지없다. 은정 씨도 처음에는 그녀를 롤 모델 삼고자 마음먹었다. 하지만 막상 함께 일해보니 남자 임원들보다 훨씬 힘이 들었다.

문제는 그녀가 자신의 방식을 은정 씨에게도 강요한다는 것이다. 회의 시간에 은정 씨가 상대방을 배려해 폭격 수위를 낮추기라도 하면 여지없이 질책이 날아든다. 그렇게 만만하게 보여서 어떻게 일이 돌아가겠느냐는 것이다. 그녀는 은정 씨를 자신의 아바타로 만들고 싶어 하는 것만 같다.

상당수의 여성 직장인들이 남성 상사보다 여성 상사와 일하기가 더 힘들다고 토로한다. 실제로 이와 관련한 논문이 발표된 적도 있다. 정한나 한국고용정보원 부연구위원이 발표한 논문에 따르면, 직속 상사가 여성인 경우 여성 근로자의 직장 내 스트레스 정도가 높은 것으로 나타났다. 또 여성 상사는 사원과 대리급 여직원의 승진에도 부정적인 영향을 준다. 같은 여자라면 여자의 마음도 잘 알 것 같고 더 잘 도와줄 것 같은데 왜 이런 결과가 나오는 걸까?

여왕벌 신드롬Queen Bee Syndrome은 성공한 여성이 조직 안에서 인정받는 여성은 자기 하나만으로 충분하다고 생각하는 성향을 말한다. 여왕벌이 벌집에서 유일한 권력을 갖듯이 일부 여성 리더는 조직 내에서 쌓아 올린 자신의 권위를 다른 여성과 나누고 싶어 하지 않는다. 네덜란드 위트레흐트 대학의 벨레 덕스Belle Derks 교수는 「여왕벌 현상: 왜 여성 리더는 주니어 여성과 거리를 두는가」라는 논문에서 여왕벌 신드롬을 '여성 리더들이 주니어 여성들과 거리를 두고 조직의 성차별을 합법화함으로써 남성 중심 조직에 동화되는 현상'으로 정의했다. 덕스 교수는 이는 성차별이 원인이라기보다는 여성이 일터에서 경험하는 성차별의 결과로 봐야 한다고 분석한다. 여왕벌 행동은 여성이 남성 중심 조직에서 경험하는 차별과 사회적 정체성의 위협에 대한 대응으로 보아야 한다는 것이다. 또한 여왕벌 행동은 전형적인 여성적 반응이 아니라고 선을 그었다. 그러니까 여왕벌 현상은 '여자의 적은 여자'를 만드는 여자의 본성 때문이 아니라 여왕벌이 될 수밖에 없는 '상황' 때문에 만들어진다는 것이다. 결국 다수의 여성 리더가 조직에 포진해 있으면 여왕벌 현상은 일어나지 않는다는 것이다.

나는 단연코 '여자의 적은 여자가 아니다'라고 말하고 싶다. 여성들이 그렇게 행동하는 데는 나름의 이유가 있다고 믿고 싶다. 후배가 사명감과 직업윤리로 무장한 제대로 된 전문가로 성장하기를 바라는 마음에 하드 트레이닝을 시킬 수도 있지 않은가? 거친 환경에서 살아남을 수 있는 생존력을 길러주고 싶은 마음이었을 수도 있다.

하지만 어떤 이유든 상대가 힘들고 괴롭다면 절대로 옳은 방법이 아니다. 그러니 이제 성별을 초월한, 공평하고 공정한 자세로 리더십을 발휘하자. 또한 여성 후배에게 가능성이 보이면 적극적으로 도와주자. 여자라고 무조건 봐줘도 안 되겠지만 여성 리더가 토큰을 넘어 다수가 될 때까지는 연대하여 힘을 키워야 한다. 얼마 되지 않는 자리를 혼자 차지하려고 애쓰기보다는 파이를 키워 더 많은 여성들이 리더로 도약하도록 해야 하지 않겠는가. 그래야 여적여가 사라진다.

●○● 내가 혹시 여왕벌?

미국 애리조나대학의 앨리슨 가브리엘Allison Gabriel 교수 연구팀은 미국응용심리학회지에 '직장에서 여성은 같은 여성에게 더 무례하게 군다'는 연구 결과를 발표했다. 연구팀은 자기 분야에서 최고가 되고 싶어 하는 여자, 즉 '여왕벌'은 다른 여자가 지배적으로 행동하는 모습을 참을 수 없어 방해하고 괴롭힌다고 결론을 내렸다. 연구에 참여한 남녀 직장인들은 "최근 한 달 동안 회사에서 불쾌한 일이 있었나?"라는 질문을 받았다. 답변을 분석한 결과, 여자들은 자신감이 넘치고 지배적이며 전통적인 성 고정관념에서 벗어난 진취적인 여자를 표적으로 삼아 심한 언행을 했다.

브로맨스를 뛰어넘는
자매애

@

내가 원더우먼 프로젝트를 시작한 계기는 흑역사와도 같은 팀장 시절에 대한 미련과 회한 때문이다. 당시 우리 팀의 주요 업무는 영업 사원의 각종 데이터를 분석해 의미 있는 통찰을 이끌어내는 것이었는데 나는 숫자만 보면 머리가 빙글빙글 도는 지독한 문과형 인간이었다. 하지만 나는 나의 약점을 그들에게 들키고 싶지 않았다. 그래서 더욱 세게 나갔다. 알지도 못하면서 팀장이랍시고 지시를 내리고 지시에 따르지 않는 팀원에게 나를 무시한다고 화를 냈다. 그렇게 오해와 분노의 악순환이 나의 팀장 시절을 점점 더 어둡게 만들었다.

타임머신이 있다면 그 시절로 돌아가 아주 성숙하고 전략적인 태도로 우아하게 리더 역할을 수행하고 싶지만 그럴 수는 없는 일. 그 한을 풀기 위해 여성 직장인들의 리더십 개발을 돕는 코칭 프로그램을 만들었고, 벌써 수년째 운영하고 있다. 내가 원더우먼 프로젝트를 운영하면서 개개인의 변화와 성장도 놀랍고 고맙지만 원더우먼들이 개인을 넘어 조직의 변화와 성장을 도모할 때 큰 보람을 느낀다.

중견기업에서 일하는 혜진 씨는 회사에서 여성 팀장들이 중심이 된 독서 클럽을 만들었다. 비슷한 고민이 있는 또래 여성들이 모여 수다만 떨 게 아니라 뭔가 생산적인 일을 해보자는 취지에서 기획했다. 어떤 책을 읽을지는 원더우먼 프로젝트에서 읽었던 것을 중심으로 시작하되 참여자들의 의견을 취합해 선정하기로 했고, 인사팀에 사내 동아리로 등록해 약간의 지원도 받았다. 아직도 초기라서 이렇다 할 성과가 있다고 하기는 어렵지만 여성 팀장들이 모여 이야기를 나누는 장을 마련했다는 데 의의를 두고 있다. 최근 회사에 최초로 여성 부사장이 탄생해 변화의 모멘텀이 될 거라는 기대가 커지고 있다.

대기업 인사팀에서 일하는 윤주 씨는 원더우먼 프로젝트에 참여한 후 여성정책 담당자로 더욱 신나게 일하고 있다. 그동안 혼자서 동분서주하며 어디로 가야 할지 막막했는데 원더우먼 프로젝트를 통해 만난 동지들에게서 큰 영감과 지지를 얻었다. 또한 원더우먼 프로젝트에서 읽은 책을 통해 여성으로서의 의식이 고양되었고 그룹의 여성정책 담당자로서의 막중한 사명감을 느끼게 되었다. 얼마 전 만난 그녀는 내년에는 수년간 운영해온 여성 멘토링 프로그램을 리뉴얼하고 그룹에서 운영하는 여성정책에 어떤 빈틈이 있는지 샅샅이 알아볼 계획이라며 눈을 반짝였다.

남성들에게 브로맨스Bromance가 있다면 여성들에게는 자매애Sisterhood가 있다. 나는 우리 사회 곳곳에서 여성들이 모여 이야기를 나누고 의견을 모으고 그것을 외부에 전달하면 좋겠다. 몇몇이 모여 신세 한탄이나 뒷말만 하지 말고 여러 여성이 연대해 문제를 해결할 방법들을 고민하고 실행하면 좋겠다. 다만 자매애를 발휘해 형제들까지 포용하면 좋겠다. 진정한 페미니즘은 성차별주의로 인해 고통받는 남성과 여성 모두를 구원하는 것이라고 나는 믿는다. 그러니 자매들이여, 연대하라! 절대 포기하지 말고 단절되지 마라! 팍팍한 현실을 자매애로 돌파하자!

남의 편을
내 편으로 만드는 법

@

원더우먼 프로젝트에는 경력 10년 이상의 커리어 우먼이 참여한다. 참여자 상당수가 결혼도 했고 아이도 있다. 모두들 쟁쟁한 회사에서 능력을 인정받으며 일하는 능력자들이지만 한 가지 발목을 잡는 문제가 있다. 그것은 의외로 '남편' 문제다.

그래서 원더우먼들과 머리를 맞대고 '남자가 원하는 것은 진정 무엇일까? 어떻게 해야 남자를 변화시킬 수 있을까?'를 고민해왔다. 고심 끝에 처방(?)을 하고 남자들의 행동 변화를 장기간 관찰하기도 했다. 남편을 '남의 편'이 아닌 '내 편'으로 만드는 법, 집에서는 남편에게, 회사에서는 남성 상사, 동료, 부하 직원에게까지 적용 가능한 세 가지 방법에 대해서 공유하고자 한다.

첫째, (더럽고 치사할지라도) 칭찬하기. 남자들은 자존심에 목숨을 건다. 평화로운 나들잇길 갑자기 끼어드는 앞차에 육두문자를 날리는 남편의 모습에 놀란 적이 있지 않은가? 이러한 느닷없는 '버럭'의 기반에는 '무시당했다'는 감정이 숨어 있다. 따라서 남자를 내 편으로 만들려면 인정과 칭찬으로 남자의 기를 살려줘야 한다.

은수 씨는 한 달간 남편에게 칭찬 편지를 썼다. 매일 저녁 남편을 칭찬하는 내용의 손편지를 적어 아침이면 출근하는 남편 주머니에 넣어 두었다. '당신 정말 대단해. 당신이 정말 자랑스러워' 같은 칭찬으로 가득 찬 편지를 받은 남편은 돌변했다. 은수 씨가 해달라는 것은 다 해주는 고분고분한 양이 된 것이다. 그녀는 "남자는 잔소리 백 마디보다 칭찬 한 마디가 더 효과적이다. 칭찬 편지를 쓰다 보니 내 남편이 정말 괜찮은 남자인 것 같은 착각(!)도 들었다."는 후기를 남겼다.

회사에서는 어떻게 적용할 수 있을까? 괜한 오해를 살 수 있으므로 칭찬 편지는 쓰지 않도록 한다. 하지만 핵심 전략은 동일하다. 당신에게 만약 관계가 껄끄러운 남성 상사나 동료가 있다면 그와 대화를 나눌 때 일단 칭찬부터 한 다음 의견을 구하라. 남자는 또한 자신이 쓸모 있는 존재라고 느낄 때 상대에게 마음을 연다. 세계에서 가장 영향력 있는 리더십 전문가이자 코치인 마셜 골드스미스Marshall Goldsmith는 피드백Feedback보다는 피드포워드Feedforward를 구하라고 조언한다. 피드백은 과거 행동에 대한 의견을 구하는 것이라면 피드포워드는 미래의 행동에 대해서 의견을 구하는 것이다. 예를 들면 이렇게 묻는 것이다.

"팀장님, 저는 제가 맡은 일을 더 잘하고 싶습니다. 앞으로 어떤 부분을 더 신경 쓰면 좋을까요?"

중요한 프로젝트를 앞두고 있다면 이런 질문도 좋다. 사전 부검Pre-mortem법으로 어떤 일을 시작하기 전에 실패의 원인을 생각해보는 것이다.

"김 과장님, 만약 이번 프로젝트가 실패한다면 원인이 뭘까요?"

이런 질문을 받은 남자는 신나게 자기가 가진 정보를 공개하고 당신을 도와줄 사람을 소개할 것이다.

둘째, 원하는 바를 명확히 표현하기. 남자들은 콕 짚어 말하지 않으면 여자의 마음을 모른다. 여자들은 선천적으로 상대의 감정을 읽는 데 탁월하기 때문에 상대가 말하지 않아도 표정이나 행동을 보고 그 마음을 가늠할 수 있다. 그러다 보니 여자들은 남자에게 말하지 않아도 남자가 내 마음을 알아줄 거라 기대한다. 분명히 말하지만 남자는 명확하게 표현하지 않으면 상대가 무엇을 원하는지 모른다.

무심한 남편의 행동에 참다 참다 불만이 폭발한 은정 씨. 결국 남편에게 자신이 얼마나 힘든지 털어놓았고 앞으로 해주었으면 하는 일도 명확히 이야기했다. 남편은 의외의 반응을 보였다.

"그렇게 힘들면 말하지 그랬어. 난 몰랐지."

이 방법은 회사에서도 똑같이 적용할 수 있다. 남자 상사나 동료에게 뭔가 불편하거나 힘든 일이 있다면 직접적으로 말하면 된다. 물론 비난은 안 된다. 불만을 말하는 것과 비난은 큰 차이가 있다. 불만은 특정한 행동이나 사건에 집중되지만, 비난은 상대방의 성격이나 인격에 대한 부정적인 느낌이나 의견을 수반한다. 예를 들어 불만의 표현이란 이런 것이다.

"이 차장님, 어제 주기로 한 보고서가 아직 올라오지 않았네요. 보고 기한을 넘기면 저뿐 아니라 영업팀에서도 항의가 들어와요. 오늘 보내주실 수 있으세요?"

반면, 비난의 표현은 이런 것이다.

"이 차장님, 어쩌면 그렇게 매번 보고 기한을 넘기세요. 차장님한테 매번 이런 말 하는 것도 지긋지긋하네요. 정말 무책임하세요."

불만과 요구를 명확히 표현해야 남성은 사태의 심각성을 파악하고 앞으로 무엇을 해야 할지 안다. 그러니 참지 말고 정확히 불만을 표현하라.

셋째, 못하는 게 있다면 대안을 찾아보기. 많은 여성이 가지고 있는 남편에 대한 불만 중 하나는 집안일을 등한시하는 것이다. 아이가 어릴 때 맞벌이 부부의 삶은 참으로 고단하다. 나도 아이가 어릴 때는 회사에서 쉬는(?) 경우도 있었다. 청소, 빨래, 요리, 육아 등등 집은 해도 해도 끝이 없는 업무가 쌓여 있는 또 하나의 일터였다. 나는 이런 일을 남편이 완벽하게 해내길 바라는 것은 과도한 기대라고 생각한다. 경제적인 여유가 있다면, 그렇지 않더라도 돈보다 더 중요한 것을 지키길 원한다면 이런 부분은 과감히 아웃소싱하라고 조언하고 싶다. 돈이 조금 더 들더라도 육아도우미의 도움을 받으면 어떨까? 가사도우미를 찾아 청소와 빨래의 무한반복 사이클에서 벗어나는 것은 어떨까? 주말에는 아이를 데리고 미술관이나 키즈 카페에 가줄 대학생 아르바이트생을 찾아보는 것도 방법이다. 내 마음에 여유가 생기면 상대에게도 관대해진다. 그러니 갈등 방지책도 적극적으로 생각해보자.

이 방법 또한 회사에서도 동일하게 적용할 수 있다. 내가 남자 동료보다 잘하는 일이 있다면 그에게 기꺼이 해주겠다고 말하자.

물론 호구가 되지 않는 범위 내에서 해야 한다. 못하는 일로 스트레스받는 그를 도와주자. 그러면 그도 나를 도울 날이 올 것이다.

성공한 여성 리더에게는 내 편인 남편이 있다. 철의 여인이라 불리는 마거릿 대처Margaret Thatcher 영국 총리 옆에는 그녀의 꿈을 평생 존중해준 남편 데니스Denis가 있었다. 아내 추자현이 웃는다면 남들이 뭐라든 상관없다며 빙구 웃음을 짓는 남편 우블리가 있고, 효리가 하겠다면 무슨 일이든 마다하지 않고 달려드는 국민 남편 이상순이 있다. 데니스, 우블리, 이상순과 같은 남편을 만났다면 당신은 정말 행운아다. 하지만 그렇지 않다고 낙심할 필요는 없다. 앞에서 이야기한 남편을 내 편으로 만드는 비법을 하나하나 실천하다 보면 남의 편인 남편이 진정으로 내 편이 될 것이다. 회사에서도 마찬가지다. 페이스북 COOChief Operating Officer인 셰릴 샌드버그Sheryl Sandberg는 구글에 합류할 당시 구글 회장인 에릭 슈미트Eric Schmidt의 조언이 큰 도움이 되었다고 말한다. 그녀는 현재 페이스북 창업자인 마크 저커버그Mark Zuckerberg와 환상의 팀워크를 보여주고 있다. 여성이 회사에서 성공하려면 남성들의 지지가 절대적으로 필요하다. 그러니 그들을 적으로 만들지 말고 나의 후원자로 만들어보자. 직장 생활이 한결 편해진다.

●○● 내 남편은 좀 다를 줄 알았지

분명 '내 편'이어야 하는데 '남편'이라서 그런지 '남의 편'을 자처한 남편들이 존재한다. 아내와 '파트너십'을 맺지 않은 남편은 크게 세 가지 유형으로 나눌 수 있다.

1. 쓸데없이 애처가형 "그 약속 꼭 가야 해?"

이들은 아내를 너무 사랑한 나머지 아내의 행동을 철저히 통제하려 한다. 영희 씨는 시계추 같은 남편 때문에 친구 한번 마음 놓고 만나기 힘들다. 남편은 퇴근 후 언제나 집으로 직행한다. 취미도 없고 친구도 없다. 퇴근 후 아내와 저녁 식사를 하는 것이 유일한 낙이다. 아내가 어쩌다 저녁 일정이 있어 늦게 들어가면 몇 주 동안 입을 닫는다. 회사 일로 가는 출장도 싫어한다. '꼭 가야 하냐'는 말을 수십 번 들어야 겨우 집을 나설 수 있다. 또, 아내가 자신 외 다른 사람들에게 속마음을 털어놓는 것을 극도로 싫어한다. '내가 있는데 왜 다른 사람에게 그런 이야기를 하냐?'는 것이다. 그는 자신이 만든 울타리 안에서 아내가 행복하기를 바란다. 이런 남편을 둔 여자는 남편과의 갈등이 두려워 자신의 욕구를 억제한다. 싸우기 싫어 남편이 원하는 대로 사는 것이다.

2. 사춘기 아들형 "너 일하는 건 좋은데 나 귀찮게는 하지 마."

사춘기 아들이 엄마가 뭘 하든 상관하지 않듯, 이들은 아내에게 관심이 없다. 하지만 자신을 귀찮게 하는 것은 절대 용납하지 않는다.

이들은 아내가 가장의 짐을 나누어지는 것에 대한 자부심과 만족감을 느낀다. 그래서 회사를 그만두라는 말을 함부로 하지 않는다. 문제는 아내가 회사 일로 집안일에 소홀하거나 독박 육아를 해야 하는 상황에서 발생한다. 은주 씨는 주말에 낮잠을 자고 일어났더니, 남편에게 '너는 왜 회사에서 모든 에너지를 소진하고 주말엔 잠만 자느냐'는 타박을 들었다. 회식이나 출장 등으로 남편이 독박 육아를 한 후에는 '나 혼자 얼마나 힘들었는지 아느냐'며 어마어마한 생색을 낸다. 쓸데없이 애처가형 남편과는 다른 맥락이지만 사춘기 아들형과 사는 여자 또한 남편의 타박과 생색, 잔소리가 듣기 싫어 남편이 싫어하는 것들을 점점 하지 않게 된다.

3. 아픈 손가락형 "이번 투자는 진짜 대박이야."

이들은 결혼 생활 내내 이런저런 사고를 친다. 아내에게 상의도 하지 않고 빚까지 얻어 투자했다가 가정경제를 파탄 내거나 사업하다가 크게 말아먹고 가장의 역할을 포기한 채 아내에게 기대어 생활한다. 민정 씨 남편은 결혼 후 지금까지 제대로 생활비를 가져다준 적이 없다. 그렇다고 남편이 일을 안 하고 놀기만 하는 것은 아니다. 민정 씨는 뭔가 해보겠다고 이리저리 동분서주하는 남편에게 바가지를 긁기도 미안하다고 말한다. 아픈 손가락형 남편과 함께 사는 여자는 문득문득 남편을 향해 끓어오르는 분노로 괴로워하거나 남편이 져야 할 짐까지 고스란히 두 어깨에 지고 순례자처럼 살아간다.

약점을 드러낼수록
강해진다

사람들은 사회생활을 할 때 자신의 약점을 드러내면 안 된다고 생각한다. 특히 경력이 많아질수록 못하는 일도 잘하는 것처럼 포장해야 하고, 싫어하는 일도 좋아하는 것처럼 해내야 한다는 부담을 갖는다. 공과 사를 완전히 구분할 줄 알아야 프로라는 생각에 집에 우환이 있어도 말하지 않는 것이 팀에게도 더 도움이 된다고 여긴다.

나 역시 글로벌 제약사에서 팀장으로 일할 때 강한 리더로 보이고자 노력했다. 겉으로는 그럴듯한 모습이었을 것이다. 그러나 사실은 항상 불안하고 초조했다. 대니얼 코일Daniel Coyle이 지은 『최고의 팀은 무엇이 다른가』를 읽다 보니 내가 놓친 것이 보였다. 저자는 최고의 팀을 만들기 위해 리더가 해야 할 일은 '자신의 약함을 드러내는 일'이라고 말한다.

양윤희 코치는 해외 근무를 마치고 돌아온 직후 어머니가 췌장암 말기 판정을 받으셨다. 3년이나 떠나 있었고 사업 확장으로 업무가 늘어나 하루하루 전쟁 같은 나날을 보내고 있는데 인생에서 중요한 사람이 시한부 판정을 받은 것이다. 그녀는 깊은 고민에 빠졌다. 이 소식을 주변에 알리는 것이 나에게 도움이 될까? 혹시 회사에서 약점이 되어 앞으로 일하는 데 더 어려움이 있지는 않을까?

상황이 어떻게 전개될지 알 수 없었지만 일단 그녀는 소식을 알리기로 했다. 직속 상사와 동료들에게 어머니의 암 투병 소식을 전하고 피치 못할 경우를 대비한 계획도 만들어두었다. 그러자 놀라운 일이 일어났다. 그녀가 약함을 드러내며 도움을 청했을 때 동료들은 업무의 영역을 확장해 그녀 업무의 공백을 메워주었다. 또 그들의 응원이 위로가 되어 그녀는 더 큰 힘을 낼 수 있었다. 그녀는 그때 주변 사람들로부터 받은 배려와 위로를 지금도 잊지 못한다고 말한다. 개인적인 위기를 잘 넘기고, 위기 상황에서도 회사에서 제 몫을 잘 해낼 수 있었던 것은 동료들의 도움 덕분이었다.

그녀가 그때 자신의 약점을 드러내지 않았다면 어떻게 되었을까? 상사나 동료들은 그녀답지 않게 실수를 하거나 회사에 소홀한 그녀를 이해하지 못했을 것이고 그런 일들은 그녀를 더욱 어려운 상황으로 몰아넣었을 것이다. 양윤희 코치는 지금도 솔직함이 신의 한 수였다고 말한다.

약함을 드러내면 우리는 강해진다. 그 역설을 당신도 실험해 볼 수 있다. 그동안 쓰고 있었던 철의 가면은 내려놓고 약점을 드러내자. 그것이 상대의 마음이 문을 여는 열쇠다. 나 역시 다시 팀장 시절로 돌아간다면 팀원들에게 이렇게 말할 것이다.

"나는 이 일에 대해 여러분만큼 알지 못합니다. 문과 출신이라 숫자에도 약합니다. 그러니 여러분이 나를 도와주세요. 내가 놓친 부분이 있다면 알려주세요. 함께 문제를 해결해 봅시다. 나는 여러분을 믿습니다."

내가 운영하는 코칭 프로그램에서는 직장인들이 모여 책을 읽고 글을 쓰며 자신에 대해 알아가고 미래 그림을 그린다. 기수마다 열 명 내외의 사람들이 모이는데, 어떤 사람들이 오느냐에 따라 분위기가 다르다. 하지만 나는 나름 각 기수의 성패를 예측하는 지표를 가지고 있다. 처음 만나는 킥오프 미팅에서 '인생 그래프' 그리기 활동을 하면서 자신이 제일 행복했던 시기와 제일 힘들었던 시기 이야기를 나누는데 누군가 자신의 고난과 실패, 무능과 약점을 드러내면 마법 같은 일이 일어난다.

민희 씨는 첫 모임에서 남편 이야기를 하면서 눈물을 쏟아냈다. 항상 다정다감하고 성실하던 남편이 비트코인 투자에 빠져 큰 빚을 지게 되었다는 것이다. 옆에 가만히 듣고 있던 정현 씨도 한숨을 쉬었다. 정현 씨가 늦게 퇴근하거나 야근을 하면 삐쳐서 일주일 내내 뚱해 있는 남편 때문이었다. 분위기가 이렇게 되면 여기저기서 이야기가 쏟아져 나온다. 맞벌이하면서도 집에 돌아오면 손 까딱도 하지 않는 남편도 있고, '너는 여자고 아이 엄마니까 적당히 직장 생활을 하다가 그만두라'는 가슴에 대못을 박는 이야기를 아무렇지도 않게 하는 남편도 있다. 남편 성토대회로 마음의 문이 열린 우리는 '여기서는 어떤 이야기를 해도 괜찮다. 이들은 내 마음을 알아준다.'라는 공감대를 갖게 되었고, 그 기수는 전설의 기수로 남았다.

다희 씨는 어머니가 우울증으로 극단적인 선택을 하셨을 때가 자신의 인생에서 제일 힘들었을 때라고 말했다. 순간 모두의 얼굴에 당혹감이 스쳤다. 그런 내밀한 이야기를 공개 석상에서 할 수 있는 용기를 가진 사람은 많지 않으니까. 우리는 다희 씨의 이야기를 진심으로 들어주었다. 그리고 따뜻한 위로와 함께

어머니의 부재를 극복하기 위해서 그녀가 한 노력에 대해서 박
수를 보냈다. 그리고 그런 힘든 일을 건강하게 겪어낸 사람이라
면 앞으로 어떤 고난이 닥쳐도 이겨낼 수 있을 것이라는 이야기
도 건넸다. 그러자 다희 씨의 눈빛이 초롱초롱해지면서 얼굴에
환한 빛이 돌았다. 그렇게 우리는 비밀을 공유한 공모자이자 심
리적 지지자, 격려자가 되어갔다.

●○● 약점을 드러내면 무시당할까?

1. 미국 와튼스쿨의 조직심리학 교수 애덤 그랜트Adam Grant는 저서 『오리지널스』에서 투자자들에게 '자기 기업에 투자해서는 안 되는 이유'를 발표해 330만 달러의 투자금을 유치한 한 기업가의 사례를 들어 이렇게 말한다.

   "약점을 내세우는 의사소통 방법은 듣는 사람을 무장해제 시키는 장점이 있다. 사람들은 누군가 자신을 설득하려 하면 자연스럽게 방어막을 치는데 상대가 의외로 약점을 드러내면 그 방어막에 미세한 균열이 일기 시작한다. 그 결과 상대에서 호의적으로 변한다."

2. 경영자 전문 코치로 활발히 활동하는 양윤희 코치는 신뢰할 수 없는 사람들에게 어떻게 약점을 드러낼 수 있냐고 묻는 직장인들을 향해 이렇게 조언한다.

   "신뢰가 있어야만 약함을 드러낼 수 있을까? 그렇다면 신뢰할 수 있는 환경은 누가 처음 만드는 것인가? 약함을 드러내는 누군가가 있어야 뒤따르는 사람들이 생기고 신뢰와 환경이 만들어진다. 이것은 '닭이 먼저냐, 달걀이 먼저냐'의 문제일 것이다. 그러니 당신이 먼저 약함을 인정하고 도움을 청해라. 그러면 당신뿐 아니라 함께하는 사람들이 탁월함을 발휘할 것이다."

3. 하버드 경영대학원의 조직 행동론 제프 폴저Jeff Polzer 교수는 리더로서 약점을 드러내는 게 좋을지 고민하는 사람들에게 이렇게 말했다.

"나에겐 약점이 있고 도움이 필요하다는 신호를 계속해서 보내보세요. 그 행동이 다른 사람에게도 하나의 모델로 자리 잡는다면, 누구나 불안해하지 않고 일을 시작하며 서로를 신뢰하고 도와줄 수 있습니다. 반면 취약한 순간을 한 번도 보여주지 않았다면, 상대방 또한 자신의 약점을 감추려 할 테고 매 순간 불안감으로 가득 찰 것입니다."

상사도
부하 직원이 무섭다

@

『나는 왜 출근만 하면 예민해질까』의 저자 머리 매킨타이어는 회사에서 정치를 잘하기 위해서는 네 가지(4P)를 반드시 장착해야 한다고 말한다.

- 영향력 Power Assessment

   자신이 원하는 바를 남이 행하도록 만드는 능력

- 성과 Performance

   회사의 성공에 기여할 수 있도록 내가 만들어낸 결과물

- 인식 Perception

   회사 사람들이 나에 대해서 가지고 있는 생각

- 파트너십 Partnerships

나의 일을 돕는 동맹자와 지원자 인맥

영향력, 성과, 인식, 파트너십은 회사에서 롱런하기 위해 반드시 갖춰야 하는 것들이다. 그런데 이 4P를 얻기 위해 반드시 해야 하는 일이 있다. 바로 '위임'이다.

어떤 일을 성공적으로 완수하려면 먼저 우선순위를 파악하고 불필요한 일들은 과감하게 포기해야 한다. 큰 프로젝트일수록 이해관계자와 참여 인원이 늘어나기 때문에 남에게 일을 맡겨야 하는 상황이 발생한다. 내가 잘 모르는 분야는 그 분야의 전문가에게 부탁하는 것이 훨씬 효율적이고 효과적이다. 경력이 쌓일수록 적합한 사람을 찾아 위임하고 일의 진행 상황을 점검하고 문제가 생기면 빠르게 공유하여 함께 해결하는 것 또한 중요한 역량이다.

문제는 남성보다 여성은 남에게 일을 맡기는 데 서툴다는 것이다. 조금 고민하다가 '내가 하고 말지'라는 결론에 이르는 경우가 많다. 일을 혼자 다 끌어안고서 우울과 불안의 나락에서 허우적거리는 여자도 있다. 하지만 이렇게 일하면 영향력은 줄어들고 성과는 나빠지고 혼자 일하는 사람이라는 인식을 심어주어 우호적인 파트너십을 만들기 어렵다.

원더우먼 프로젝트에 참여한 선주 씨가 그런 사람이었다. 그녀는 중견기업의 홍보팀장으로 일한다. 회사는 최근 경영 악화로 직원 수를 줄이고 있는데, 선주 씨의 부하 직원도 3명에서 2명으로 줄었다. 각자가 해야 할 일이 많아지고 야근이 늘어나고 업무 피로감이 더욱 가중되는 건 당연한 수순이었다. 그녀는 자신이 처리해야 할 일은 많은데 일을 할 수 있는 사람이 줄어들어 괴롭다. 퇴사한 직원 일을 팀원들에게 나눠주기 미안해 대부분 자기가 떠안았는데, 그러다 보니 중요한 일에 집중하기 힘들어졌다. 또, 얼마 전에는 사장님이 회사 행사의 기획과 진행을 홍보팀에 맡기려 했는데, 팀원들을 배려해 '못 한다'고 했다가 욕까지 먹었다.

나는 그녀의 마음에 숨은 두려움을 느낄 수 있었다. 선주 씨는 팀원들에게 하기 싫은 일을 맡겨 욕을 먹고 싶지 않았던 것이다. 또 일을 맡겼다가 큰 실수가 생길까 봐 두렵기도 하고 일을 어떻게 맡겨야 할지도 몰랐다. 그래서 혼자 일을 다 끌어안고서 괴로워하고 있었다. 문제는 그녀의 그런 태도가 자신뿐 아니라 팀원들의 개발과 성장에도 걸림돌 역할을 한다는 점이었다.

그렇다면 다른 사람에게 일을 시킬 때는 무엇을 고려해야 할까? 직장인 온라인 커뮤니티에는 '상사가 일을 잘 안 알려준다'거나 '일을 어떻게 해야 하는지 모르겠다'는 고민이 심심치 않게 올라온다. 이런 고민을 보면서 '왜 알아서 찾아서 하지 못할까?' 하는 답답함이 밀려오는가? 하지만 회사에는 이미 이런 사람들이 점점 많아지고 있다. 앞으로 당신이 일을 맡겨야 할 사람 중에도 이런 사람들이 늘어날 것이다.

사실 이런 일들은 여전히 수직적인 조직문화 때문에 일어나기도 한다. 상사에게 질문하는 것이 부담스러워 자신의 생각대로 진행하다가 비효율을 초래하는 것이다.

대한상공회의소와 맥킨지는 이러한 문제를 해결하기 위해 일을 맡길 때 필요한 액션 아이템을 제시했다.

일을 맡길 때 필요한 액션

1. 왜 해야 하는지 알려주기

"이번 설문조사는 하반기 신제품 출시를 앞두고 고객의 니즈를 파악해서 마케팅 전략을 수립하기 위해서 하는 겁니다."

2. 반드시 해야 할 일과 거쳐야 할 절차를 알려주기

"마케팅 전략 수립을 위한 설문조사니까 마케팅팀의 의견을 적극적으로 수렴하고 세 개 정도의 설문조사 회사를 찾아서 추천해주세요."

3. 절대 하지 말아야 할 일을 알려주기

"이번 설문조사에서 제일 중요한 것은 고객의 마음 깊숙이 숨어 있는 니즈를 읽어내는 것입니다. 수박 겉핥기식의 설문조사는 필요 없어요."

4. 성공모델과 실패모델을 알려주기

"작년 설문조사에서는 효과적인 설문 문항 개발을 위해서 설문조사 전에 FGI Focus Group Interview를 진행해서 큰 효과를 봤어요. 하지만 재작년 설문조사에서는 비용 문제로 가장 저렴한 견적을 제출한 설문조사회사를 선정했다가 설문 내용이 부실해서 거의 활용하지 못했습니다."

위임에 있어서는 '세대별 차이'도 고려할 필요가 있다. 당신이 20대 중후반과 30대 초반의 후배들, 즉 밀레니얼 세대에게 일을 맡기려면 그들이 어떤 성향인지 이해하고 있어야 한다.

세대 전문가들은 밀레니얼 세대의 특징으로 '자신의 성장을 중시한다'를 꼽는다. 과거 세대들은 회사에 충성하고 팀의 성공을 위해서는 자기 권리를 일정 부분 포기해야 한다고 생각했지만, 밀레니얼 세대는 '자신의 성장'을 최우선으로 생각한다. 또한, 이들은 핵가족화로 가족구성원이 소규모로 변모한 환경 속에서 태어나 각자 집안에서 귀하게 대우받으며 자라난 사람들이다. 따라서 이들에게 일을 시킬 때는 다음 세 가지를 주의해야 한다.

우선 '조직을 위해서 희생해야 한다'는 말은 삼가야 한다. 부모 세대가 IMF 위기를 겪는 것을 목격한 이들은 회사가 자신의 미래를 보장해줄 거라 믿지 않는다. 그래서 회사를 위해서가 아니라 '너 자신을 위해서 일하라'는 메시지가 더 효과적이다. 둘째, 이들에게 업무 지시할 때는 자세히 설명해야 한다. 이들에게 '하라면 해' 식의 명령은 먹히지 않는다. 왜 해야 하는지, 어떻게 해야 하는지에 대해서 자세히 설명하고 이 일이 자신의 성장에 어떤 도움이 되는지를 덧붙이면 금상첨화다.

마지막으로는 질책보다는 칭찬을 많이 해주고 일에 적극적으로 참여시키는 것이 좋다. 밀레니얼 세대는 업무 숙련자가 되기 전에도 자신이 회사나 팀에서 중요한 역할을 맡길 원한다. 이들은 조직이 본인을 필요로 한다는 느낌을 받으면 회사와 직무에 대한 만족도가 높아진다. 만약 이들에게 힘들고 어려운 일을 맡겨야 한다면 기한을 알려주는 것이 좋다. '이 일이 힘들기는 하지만 이 일을 언제까지 하고 나면 너는 어떻게 성장해있을 것이고, 그 이후엔 네가 원하는 일을 할 수 있다'고 말하면 그들은 버티려 한다. 실제로 미국 육군은 신병들에게 군대에서의 경력이 큰 기회를 제공하지만 그것을 얻어내기 위해 초기 2년간은 저임금을 받으면서 원치 않는 임무나 어렵고 짜증 나는 업무를 수행해야 함을 사전에 고지함으로써 신병들의 현실적인 기대를 설정하고 근속을 높일 수 있었다.

●○● 어떻게 일을 맡겨야 할까?

1. 대한상공회의소는 2016년 맥킨지와 손잡고 국내 1000개 기업에서 일하는 40,951명을 대상으로 '한국기업의 기업문화와 조직 건강도 진단'을 실시했다. 그 결과 한국형 기업문화는 업무 지시(소통)와 회의, 보고, 야근 등에서 심각한 수준인 것으로 나타났다. 특히 근로시간은 길지만 그중 생산적인 시간은 57퍼센트에 불과했는데, 그 이유 중 하나가 '불명확한 업무 지시'였다.

2. 경력개발 컨설턴트이자 코치로 활동하는 머리 매킨타이어는 사람을 적재적소에 배치하는 것의 중요성을 강조한다.

   "어떤 프로젝트를 진행 중이라면 '누가 이 일에 기여할 수 있을까?'를 생각하라. 또 어떤 결정을 내릴 때는 '누가 유용한 정보를 갖고 있을까?'를, 변화를 모색할 때는 '누가 이걸 알아야 할까?'를, 정보를 가지고 있다면 '누가 이 정보를 유용하다고 여길까?'를 고민하라. 사람들을 당신 편으로 끌어들이는 습관을 기른다면 당신의 정치력은 증가하고 높은 수준의 성과를 얻게 될 것이다."

남성은 여성 리더의 지시를
잔소리로 느낀다

@

세대별 소통도 달라져야 하지만 성별에 따라 소통도 달라야 한다. 성별 다양성 컨설턴트인 마이클 거리언^{Michael Gurian}과 하버드 대학교 여성 리더십 위원회 위원으로 활동하는 바버라 애니스^{Barbara Annis}는 저서 『회사 속의 남과 여 그 차이의 심리학』에서 성별에 따라 달라지는 리더의 리더십 행동과 부하 직원의 성별에 따른 코칭 방법을 소개한다.

여성 리더의 방식은 지시형보다는 설명형에 가깝다. 여성 리더는 목표를 달성해야 하는 이유와 함께 그 방법을 설명하기 때문이다.

지시형 vs 설명형

○ 남성 리더: "내일까지 올해 상반기 매출 보고서를 제출하세요."

○ 여성 리더: "내일까지 올해 상반기 매출 보고서를 제출해줄 수 있
어요? 다음 달에 있을 임원 미팅에서 부사장님이 발표하셔야 한다
고 하네요. 매출 보고서에는 제품별 매출액과 성장률, 시장 점유
율과 같은 숫자들을 꼭 넣어주세요. 부사장님이 매출 변동 이유에
대해서 질문하실 수 있으니 원인 분석도 추가하기 바랍니다."

하지만 이러한 여성 리더의 특징 때문에 남성 부하 직원과 갈
등이 생기기도 한다. 남성 부하 직원이 여성 상사의 설명을 '잔
소리'로 느낄 수 있기 때문이다. 그리고 앞서 언급한 갈등을 피
하려는 여성 리더의 태도는 회피나 무능으로 보일 수도 있다. 그
렇다면 남성 부하 직원과 일할 때는 어떤 점을 주의해야 할까?

우선 남성은 감성적인 대응보다는 현실적인 해결책과 전략을
원하는 경향이 있다. 남성 대부분이 업무 중심으로 사고하고 문
제 상황을 해결해 자신의 임무를 완수하는 것을 중요하게 여긴
다. 따라서 공감과 위로는 짧게, 전략과 해결책에 대해서는 길게
이야기를 나누는 것이 낫다. 또 남성은 문제 해결 과정보다는
결과를 중요하게 생각하기 때문에 목표지향적으로 토론하는 게

좋다. 그리고 일방적으로 지시하기보다는 의견을 묻는 것도 좋은 방법이다. '이 문제를 해결하려면 필요한 조치가 무엇이라고 생각하는가? 내가 무엇을 도와주길 바라는가?'와 같은 질문은 상대가 답을 찾는 데 길잡이가 되어줄 수 있다.

대화의 좋은 예 남성 직원과 여성 리더

◦ 남성 부하 직원: "팀장님, 저 더는 이렇게 못 하겠어요. 팀원들이 제 일을 도와주지 않아요. 어제도 매출 자료를 마감 기한이 지나서 주는 바람에 상무님께 제가 꾸지람을 들었습니다. 정말 화가 나네요."

◦ 여성 리더: "그런 일이 있었다니 많이 곤란했겠어요. 지금까지 어떤 방법으로 자료를 취합했나요? 다른 방법으로 자료를 취합한다면 어떤 방법을 고려해볼 수 있을까요? 혹시 회사 시스템에 문제가 있나요? 내가 어떤 것을 도와주면 업무에 도움이 될지 이야기해보세요."

상황을 바꿨을 뿐인데
사람이 변하기도 한다

다른 사람에게 일을 시킬 때, 우리는 일을 보느라 정작 그 일을 해내는 '사람'을 놓치는 우를 범한다. 도대체 '사람을 본다'는 것은 무슨 의미일까? 사람에게서 봐야 할 것 중 한 가지는 그 사람이 처한 '상황'이다. 성격 심리학자들은 특정인의 성향이나 성격이 그 사람의 행동을 좌우한다고 말한다. 하지만 사회 심리학자들은 사람의 행동은 우리의 생각보다 성격이나 성향의 영향은 덜 받고 상황의 영향은 더 받는다고 주장한다. 이 말은 일을 시켜야 하는 사람의 행동을 바꾸려면 성향이나 성격을 제대로 파악할 필요도 있지만 때론 그 사람이 처한 상황을 바꿔줄 필요가 있다는 뜻이기도 하다.

사회 심리학의 고전인 『사람일까 상황일까』의 역자 김호는 리더가 부하 직원의 상황을 변화시키면 부하의 행동이 바뀐다고 말한다. 국내 보험사에서 영업 사원으로 일하다 세계를 무대로 태양광 발전사업 프로젝트 개발자로 변신한 미래에너지 장동일 대표의 인생이 바뀐 것은 보험업계의 전설이라 불리던 그의 사수 덕분이었다. 사수는 매일 그에게 오늘은 몇 명에게 거절을 당했냐고 물었다. 하루에 60명에게 거절을 당했던 날, 그는 사수에게 가장 큰 칭찬을 받았다. 이렇게 지내다 보니 거절에 대한 두려움을 극복할 수 있었고, 연봉 4억 원이 넘는 보험왕으로 거듭날 수 있었다. 사수는 후배가 상황을 바라보는 시각을 바꿔줌으로써 성향을 변화시킬 수 있었다.

Chapter 3

그만둘 게 아니라
위로 올라가야 할 때

영리하게 커리어 쌓고 리더로 도약하기

나의 일은
밥벌이, 경력, 천직 중 무엇인가

*

예일대학교 교수이자 심리학자인 에이미 브제스니에프스키 Amy Wrzesniewski는 사람들이 자신이 하는 일을 바라보는 방식에는 세 가지가 있다는 사실을 밝혀냈다.

첫 번째는 '밥벌이Job'로 경제적인 보상과 필요에 따라 하는 것. 두 번째는 '경력Career'으로 개인의 성취나 성장을 위한 것. 세 번째는 '천직Calling'으로 사회에 도움이 되는 일을 함으로써 얻을 수 있는 기쁨과 충족감의 원천으로 여기는 것.

그는 의사와 간호사, 교사와 사서, 공학자와 경제학자 그리고 관리자와 비서가 일을 대하는 태도를 관찰하고 분석했다. 이 모든 직종에서 조사 대상자의 3분의 1가량은 자기가 하는 일을 천직으로 여겼는데 이들은 그렇지 않은 사람들에 비해 더 행복하고 더 건강했다.

당신의 일은 밥벌이, 경력, 천직 중 어디에 속하는가? 꼭 어느 하나만 선택할 필요는 없다. 시기마다 달라지기 때문이기도 하고 꼭 어느 하나를 선택할 수 없을 만큼 세 가지 요소가 얽혀 있기도 하다.

나만의 전문성을 쌓고 일로서 자아실현도 이루는 삶을 살고 싶다면 밥벌이, 경력, 천직의 순서로 발전시키는 것도 좋다. 돌이켜 보면 나의 17년 직장 생활은 밥벌이에서 시작해 경력 성취에 도달한 시간이었다. 당시 승진하고 연봉도 오르고 더 나은 직업인으로 성장한다는 자부심이 있었다. 하지만 그것만으로는 충분하지 않았다. 나는 내가 하는 일의 의미와 가치를 확인하고 싶은 사람이었다. 글로벌 제약사에서 홍보 담당자와 영업 사원으로 일할 때는 '최신 의학 정보를 기자와 의사에게 전달해 사람들이 더욱 건강해지도록 돕는다'는 비전을 가지고 일했다. 우리 회사의 유방암 치료제를 복용하고 건강을 회복한 환자의 영상을 보면서 나도 모르게 눈물이 흘렀다. 서치펌에서 헤드헌터로 일할 때는 '당신의 라이프를 케어하는 커리어 컨설턴트'라는 캐치프레이즈를 걸고 일에 임했다. 단순히 직업을 옮겨주는 일이 아니라 타인의 인생에 깊숙이 개입하는 일이라는 무게감을 느끼며 신중히 처신하려 노력했다.

1인 기업가로 일하는 지금의 나 역시 밥벌이로의 일, 경력으로서의 일, 천직으로서의 일을 모두 해내고 있다고 생각한다. 하는 일을 통해 경제적 보상과 경력 성장, 나아가 사회적 공헌까지 하고 있으니까. 나는 남편에게 손을 벌리지 않을 정도의 경제적 자립을 하였으며, 작가로서 코치로서 새로운 프로젝트를 수행하며 성장하고 있고, 책과 강의, 커리어&리더십 프로젝트 등으로 대한민국의 길 잃은 직장인들을 돕는다고 자부한다. 가끔 기운이 빠지는 날도 있지만, 이 일을 계속 더 잘해내고 싶다.

조직에서 커리어를 이어가든, 조직에서 나와 홀로서든 나의 일이 밥벌이에서 시작해 경력을 거쳐 천직으로 이어질 수 있다면, 어떤 선택이든 가치 있다. 회사의 규모, 연봉, 복지도 중요하겠지만, 무엇보다 자신의 비전을 더 잘 실현할 수 있는 일터야말로 가장 탁월한 선택이다.

●○● 위대한 일의 시작은 모두 밥벌이였다

영국의 위대한 작가 버지니아 울프Virginia Woolf는 1919년, 남편과 함께 영국 남부 해안에 있는 집을 사들여 '몽크스 하우스Monk's House'라는 이름을 붙였다. 전기와 수도도 들어오지 않는 낡은 집이었지만 그녀는 낡은 헛간을 서재로 꾸미고 매일 아침 9시 30분부터 오후 1시까지 그곳에서 글을 썼다. 몽크스 하우스는 후에 수세식 화장실이 두 개나 있는 집으로 거듭났다. 그녀가 쓴 소설인 『댈러웨이 부인』과 『보통의 독자』가 벌어들인 인세 덕분이었다. 울프에게 서재는 낙원이었다. 글 쓰는 시간만큼은 온갖 근심을 잊을 수 있었기 때문이었다. 울프는 글쓰기를 통해 당시 여성들이 해야 했던 '집안의 천사' 역할을 벗어나 위대한 작가로 거듭날 수 있었다. 울프에게 글쓰기란 자신의 경제적 자유를 보장하는 밥벌이였다.

머물 것인가
떠날 것인가

*

직장 경력이 10년쯤 되었다면 반드시 해야만 하는 일이 있다. 바로 커리어 비전을 설정하는 것. 조직에 더 머물며 승부를 걸지, 조직을 떠나 새로운 도전을 할지 선택하는 것이다.

조직에 머물기로 했다면 전문성을 탄탄히 쌓아 리더가 되는 길을 모색해야 한다. 조직 내 리더들이 어떤 커리어 패스를 거쳤는지 살펴보고 자신의 현재 역량을 파악해 현재와 미래를 연결할 수 있는 리더십 로드맵을 그려야 한다. 조직을 떠나기로 했다면 회사에서 3~5년쯤 준비하며 넥스트 커리어를 준비해야 한다. 3~5년은 결코 짧은 기간이 아니다. 특정 분야의 학위를 받거나 기술을 연마할 수도 있는 시간이니 이를 거쳐 마흔 즈음 새로운 일을 시작한다면 절대 늦은 게 아니다. 이 갈림길에는 수

많은 고민과 유혹, 자기의심, 번민이 기다리고 있다. 하지만 시스템과 인프라가 갖춰진 조직에서 승부를 볼지, 모험을 하더라도 나만의 업을 만들지는 본인이 선택해야 한다.

양향자 국가공무원인재개발원장은 조직에 남는 길을 선택한 케이스다. 그녀는 여상을 졸업하고 삼성전자에 서무 직원으로 입사해 가족의 생계를 위해 일을 시작했다. 입사 초기에 그녀는 '미스 양'으로 불렸다. 책상 닦고 커피 타주고 잔심부름해주는 일이 그녀의 주 업무였다. 그러던 어느 날 복사해서 연구원 책상 위에 올려놓던 일본어 반도체 기술 논문이 눈에 들어왔다. 연구원들도 일본어를 몰라 쩔쩔매고 있던 참이었다. 그녀는 3개월간 일본어를 독하게 공부했다. 그리곤 복사한 자료 밑에 0.5밀리미터 볼펜으로 깨알같이 해석을 달아 나눠줬다. 그때가 바로 '미스 양'에서 '양향자 씨'가 되는 순간이었다. 이어 고졸이라서, 여사원이라서 안 된다는 반대에도 불구하고 사내 기술대학에 들어가 반도체공학을 전공했다. 수학, 유기화학, 고체물리학 등의 과목이 너무 어려워 옆 부서 부장님에게 개인 과외를 받기 위해 그분이 사는 아파트 아래층으로 이사까지 갔다. 그렇게 그녀는 삼성전자에서 처음으로 고졸 출신 여성 임원이 되었고 국가공무원인재개발원장을 거쳐 국회의원이 되었다. 그녀는 조직에 남는 선택을 한 덕에 조직에서 나온 후 더 많은 꿈을 실현하고 있다.

　조직을 나와 넥스트 커리어를 만든 사례도 있다. 국민대학교 경영대학 이은형 교수는 대학 졸업 후 신문기자로 사회생활을 시작했다. 여성 기자가 드물던 때라 살아남기 위해서는 남성과 똑같이, 아니 남성보다 더 남성처럼 일해야 하던 시절이다. 그렇게 치열하게 일하던 그녀가 조직에서 떠나기로 한 결정적인 계기가 있다. 1997년 IMF 구제금융 시기를 겪으며 '기자가 경제를 모르니 이런 국가적 위기가 닥쳤다'라는 각성이 있어서다. 그래서 대학원에 진학해 공부하기로 했다. 그만둔다고 하니 주변에서 반대가 극심했다. 선배 기자는 퇴직 대신 휴직을 하고 공부하라고 조언했고 시어머니는 '애가 공부를 해야지, 왜 네가 공부를 하느냐'며 타박을 했다. 그러나 어차피 그들이 내 인생을 책임져 주지도 않는 법. 그녀는 자신의 신념대로 밀어붙였다. 주변의 반대를 무릅쓰고 한국개발연구원KDI에서 국제정책대학원 석사학위를 받고 산업통산자원부 외신 대변인으로 일했다. 임기가 끝나고 다시 학교로 돌아가 박사학위를 취득했다. 이후 국민대학교 교수로 임용되어 한국여성경제학회장을 역임했고 현재는 경영대학장과 국민인재개발원장을 겸하며 여성 리더십과 밀레니얼 세대 전문가로 활동하고 있다.

돌이켜보면 나도 비슷한 경로를 밟았다. 나는 우리나라 1인 기업가의 선구자라 할 수 있는 구본형 선생님을 보면서 홀로서기의 꿈을 키웠다. 글로벌 제약사를 나와 안식년을 가지며 나를 돌아보니 조직에서 승부를 걸기보다는 내 사업을 해야겠다는 판단이 섰다. 하지만 그 당시 무림강호의 실력자들과 싸우기엔 실력이 부족했고 필살기를 연마할 시간이 필요했다. 그래서 선택한 곳이 서치펌이었다. 그곳에서 헤드헌터로 일하며 커리어 컨설팅의 전문성을 쌓고 전문면접관의 경력도 만들었다. 두 권의 책도 쓰며 독립을 준비했다. 서치펌에서 일한 3년은 회사 안에 머물며 회사 밖의 삶을 준비하는 수련의 시간이었다. 그 덕분에 회사 밖의 삶을 잘 꾸려갈 수 있었다.

여성은 자신이 리더가
될 수 없다고 생각한다

*

"왜 이렇게 여성 리더의 수가 적은가?"

리더십 연구자로서 나는 오랫동안 이 질문에 천착하고 있다. 나는 17년 동안 직장 생활을 하면서 결혼도 하고 아이도 낳아 길렀다. 팀원으로 일하다 팀장으로도 일했다. 이제는 1인 기업가로 내 사업을 하면서 다양한 여성 직장인들을 현장에서 만난다. 내 경험과 여성 직장인들의 이야기, 리더십 연구자의 지식을 기반으로 여성 리더의 수가 적은 이유를 유추해보건대 가장 먼저 떠오르는 건 바로 이것이다.

여성들은 스스로 '나는 리더가 될 수 없을 것 같다'라고 생각한다.

 자신을 과소평가하는 여성의 성향은 리더가 된 후에도 사라지지 않는다. 30대 후반의 여성 팀장 자영 씨는 자신의 팀장 승진을 매우 부담스러워했다. 자신은 아직 준비되지 않았는데 팀장이 되었고 팀장의 역할을 잘해낼 수 있을지 자신이 없다는 이유였다. 연말 성과평가에서도 그녀는 같은 본부의 남성 팀장보다 낮은 점수를 받아들였다. 이미 리더가 된 그녀를 괴롭히는 것은 '가면 증후군Imposter Syndrome'이었다.

 가면 증후군은 사기꾼 증후군이라고도 불리는데 자신의 성공이 노력이 아니라 순전히 운으로 얻어졌으며 지금껏 주변 사람들을 속여왔다고 하는 느끼는 심리를 말한다. 이 개념을 발표한 심리학자 폴린 클랜스Pauline Clance와 수잔 임스Suzanne Imes는 가면 증후군이 성공한 여성들에게서 많이 발생한다고 보고했다. 가면 증후군이 있는 여성들은 자신의 능력에 비해 사람들이 본인을 과대평가한다고 여긴다. 이로써 자신이 운으로 성공했다는 것을 들키지 않으려고 지나친 성실함이나 근면함을 보이기도 한다. 6개국어를 구사하는 배우 나탈리 포트먼Natalie Portman도 가면 증후군에 시달렸다. 그녀는 대학 졸업식 축사에서 자신이 하버드에 입학할 때 무언가 잘못된 것이 아닌가 싶었다고 고백했다. 또한 자신이 멍청한 여배우라는 사실을 들키지 않으려고 일부러

어려운 수업만 들었다고 회고했다.

여성들이 자신은 리더가 될 수 없을 거라 생각하는 가장 주요한 내적 요인은 본인의 능력을 과소평가하는 것이다. 왜 그럴까? 겸손이 최고의 미덕이라고 배우며 자랐기 때문이다. 여자니까 양보하고 남을 배려하라고 배웠기 때문이다. 그래서 여성은 어디서든 나대지 않으려 조심한다. 착한 여자 콤플렉스에 빠져 결정적인 순간에 자신이 원하는 것을 포기한다. 그렇게 자랐고 그렇게 살다 보니 자신의 능력에 대한 확신이 부족한 것이다.

하지만 그런 생각은 애초부터 잘못되었다. 당신이 만약 30대 중반까지 버텨왔다면 당신은 이미 대단한 능력자다. 일에 대한 욕심도 있고 승부욕도 있다. 대한민국에서 여성은 사회생활을 시작하는 단계부터 남성과 출발점이 다르다. 능력이 출중하지 않다면 입사부터 불가능하다. 그러니 10년 이상 직장 생활을 이어가고 있다면 자신에 대해서 자부심과 자신감을 가져도 좋다. 당신은 당신이 생각한 것보다 훨씬 훌륭하다.

●○● 여성은 자신을 과소평가한다

1. 미국 애리조나주립대학에서 남녀 학생 250명을 대상으로 설문조
   사와 학점, 미션 수행 능력 등을 비교 분석했다. 연구진은 참가자
   들에게 다른 학생들과 함께 지능을 측정하는 미션을 수행하도록
   한 후 스스로 다른 사람들과 비교한 자신의 미션 수행 평가점수
   를 적도록 했다. 그 결과 꽤 명확한 남녀 차이를 발견하게 되었다.
   여학생은 남학생보다 자신의 지능을 낮게 평가하는 경향이 강했
   다. 같은 조를 이루어 미션을 수행한 학생들에게 물었더니 자신이
   조원들보다 더 똑똑하다고 답을 한 남학생은 여학생에 비해 3.2배
   나 많았다. 여학생은 남학생보다 자신을 과소평가하는 경향이 있
   었다.

2. 구글의 최고 인적자원 책임자였던 라즐로 복Laszlo Bock이 쓴 『구글
   의 아침은 자유가 시작된다』에는 조직에서 발견되는 남녀의 행동
   차이에 관한 내용이 등장한다. 구글은 기술 부문과 제품 관리 부
   문에 속해 있는 직원에 한해 승진 후보로 자기 자신을 추천할 수
   있는 제도를 운영한다. 흥미롭게도 여성은 남성에 비해서 자기추
   천 비율이 낮지만 승진 비율은 더 높다.

3. 휴렛팩커드HP에서 발행한 사내 보고서에도 유사한 내용이 등장한다. 사내에서 공개 채용이 있을 때 남성과 여성의 지원 양상에 차이가 있다. 남성은 공지한 필요조건을 60퍼센트만 충족해도 지원한다. 하지만 여성은 자신이 필요조건의 100퍼센트에 부합해야 지원한다.

그놈의 진정성 때문에
놓치는 것들

*

　사회 초년생 시절, 내 꿈은 임원이 되는 것이었다. 회사에서 제공하는 번쩍번쩍한 고급차를 타고 출근해 근사한 그림이 걸린 방에서 사람들과 열띤 회의를 하는 나! 몸에 딱 맞는 고급 정장을 입고 나의 성공담에 대해 기자와 인터뷰하는 나! 사람들의 부러움 섞인 시선을 한껏 즐기는 여성 임원! 그것이 내가 그리는 나의 미래였다. 그 꿈을 이루기 위해 열심히 달렸다. 벤처기업에서 직장 생활을 시작했지만 수차례의 이직을 통해 글로벌기업 팀장 자리까지 올랐다. 홍보 업무로는 성에 차지 않아 영업과 기획, 교육 업무까지 섭렵했다.

　그런데 팀장이 되고 나니 보이지 않던 것들이 보이기 시작했다. 먼저 임원들이 어떻게 사는지 눈에 들어왔다. 새벽까지 술을 마셔도 다음 날 아침이면 아무 일도 없었다는 듯 일찍 출근한다(부사장이 친히 누가 일찍 왔는지 확인했다). 주말이면 집에서 할 일이 없어 어쩔 수 없이 나왔다는 듯 사무실을 지킨다(정말 할 일이 없는 것 같기는 했다). 자신의 자리를 지키기 위해서라면 다른 사람을 모함하고 짓밟는 일도 서슴지 않는다(정말 그런 임원이 자리를 오래 지켰다). 사장 말이라면 팥으로 메주를 쑨다고 해도 따랐고 언제나 존경과 사랑의 눈빛을 보낸다. (나는 사장의 존경할 만한 구석을 찾는 것이 아주 힘들었다). 아랫사람들을 닦고 조이고 기름 치는 것이 자신의 할 일이라 생각하며 언제 어디서나 '쪼는 리더십'을 발휘한다(누군가를 비난하고 꾸짖는 것이 자신의 존재 이유라고 생각하는 것 같았다). 어마 무시한 긴장과 스트레스 속에서 하루하루를 보낸다(월급을 많이 주는 데는 다 이유가 있었다).

그것은 결코 내가 원하던 삶의 모습이 아니었다. 근사한 차와 전용 사무실을 대가로 그렇게 살고 싶지는 않았다. 내가 임원이 되기를 포기한 이유 중 하나이기도 하다.

많은 여성 직장인들은 현실에 환멸을 느끼며 리더가 되기를 포기한다. 리더가 되면 자신이 중요하게 여기는 가치를 지킬 수 없기 때문이란다. 이들이 지키고 싶어 하는 가치란 도대체 무엇일까?

미국의 경영학자 리사 마이니에로Lisa Mainiero와 셰리 설리반 Sherry Sullivan은 2000년대 초반, 미국에서 임원 승진을 앞둔 여자들이 대거 회사를 떠나는 사태를 주의 깊게 관찰하여 여성의 독특한 커리어 의사결정 양상을 설명하는 '만화경 커리어 이론 The Kaleidoscope Career Model'을 정립했다. 만화경 통을 흔들면 셀룰로이드 조각이 거울에 반사되어 수많은 무늬가 만들어지듯 여성은 커리어와 관련해 의사 결정할 때 생애주기에 따라 다양한 요인에 영향을 받는다는 것이다.

먼저, 여성은 경력 초기에는 '도전Challenge'을 중시한다. 이 시기에는 일을 택할 때 주로 이런 질문을 던진다. '커리어를 택할 경우 충분한 도전과 기회가 따를 것인가?' 경력 초기에 있는 여성은 업무 성격에 민감한 반응을 보인다. 남성의 경우 조직에서 어떤 일이라도 시키는 대로 하다 보면 승진 등의 보상이 따를 것이라 생각한다. 하지만 여성은 남성에 비해 상대적으로 도전적인 업무 기회를 잡기가 힘들고 승진 전망이 불투명하기 때문에 도전 요인에 민감하다고 해석할 수 있다.

그러다 경력 중기에는 '균형Balance'을 추구한다. 이때는 워라밸에 대한 질문이 중요해진다.

'이 커리어를 택할 경우 일-가정의 양립이 가능한가? 삶의 여러 부분에서 균형을 이룰 수 있는가?' 이때는 도전적인 업무보다는 현재 하는 일을 하면서 일과 가정을 양립할 수 있는지를 더 중시한다. 실제로 여성은 출산 후 육아를 위해 일과 가정을 병행할 수 있는 곳으로 이직하거나 직무를 전환하기도 한다.

마지막으로 경력 후기에는 도전이나 균형보다 '진정성 Authenticity'을 중요시한다. 따라서 '이 커리어에서 내가 진정 '나'일 수 있는가? 나의 진정성을 유지할 수 있는가?' 이것이 핵심 질문이다. 중간관리직을 넘어서며 성공 가도를 달리던 여성들이 조금만 더 버티면 임원으로 승진할 수 있는데도 일을 그만두는 이유가 '진정성'이라는 가치 때문이라는 것이다.

누구나 다 아는 조직의 비리를 적당히 눈감아줘야 할 때, 누군가를 짓밟아야 내가 살 수 있을 때, 뻔히 보이는 불의와 부당에 대해 입을 다물어야 할 때, 여자는 회사를 떠난다. 그놈의 진정성 때문에 자신의 도약을 포기하는 것이다. 그렇게 여자는 리더 되기를 포기해야 할까?

경력 열망을
마음껏 불태워라

*

　여성이 리더가 될 수 없다고 생각하는 또 다른 이유는 여성 리더가 처한 희귀한(?) 환경적 요인, 즉 외적 요인 때문이기도 하다. 우리나라 기업조직에서 여성 임원은 천연기념물 수준이다. 따라서 자연스럽게 자신이 일하는 조직에 여성 임원이 없으면 자신도 임원이 될 수 없을 거라 생각한다.

　연세대학교 경영학과 신동엽 교수의 논문에 따르면 한국 여성들의 경력 열망Career Aspiration 수준은 남성보다 낮다. 경력 열망이란 '성공한 직장인으로 인정받고 조직에서 승진하려는 바람'을 의미한다. 신 교수는 한국 여성들의 낮은 열망 수준이 타인에 의해서 외부적으로 주입되어 형성되기도 하지만 때로는 여성 스스로가 내재화함으로써 발생할 수 있다는 점을 주목해 연구를 기획했다고 밝혔다.

한국의 여성 직장인의 답변을 분석해보니, 자신이 근무하는 조직에 여성 임원으로 활동하는 역할 모델 수가 많고 여성으로서 효능감이 높을수록 높은 경력 목표를 갖는 것으로 나타났다. 즉 일하는 회사에 여성 임원이 많고 여성이라고 못할 게 없다고 생각하는 여성은 나도 리더가 될 수 있다고 생각한다.

하지만 제도화된 성 역할 구조와 여성에 대한 부정적인 고정관념을 내면화할수록 낮은 경력 목표를 세웠다. 풀어서 말하면, 남녀가 해야 할 일이 정해져 있고 '여성이라서 안 된다'는 생각을 하는 여성은 리더가 될 수 없다고 생각한다.

"왜 꼭 리더가 돼야 해? 성공의 기준은 사람마다 다른 거잖아!" 하고 외치는 사람도 있을 것이다. 맞는 말이다. 모든 사람이 리더가 될 필요는 없다. 하지만 나는 더 많은 여성 리더가 나와야 한다고 생각한다. 다수의 여성 리더가 배출되지 않으면 남성 중심적인 우리 사회는 절대 변하지 않을 테니까. "여직원들이 일은 잘하는데 출산휴가, 육아휴직 주려니 골치가 아파요. 조직 운영에 아주 애로점이 많아요. 능력이 조금 떨어지더라도 남자 직원으로 뽑는 게 나아요." 여성 리더가 많아지지 않는 한 신입 사원 면접을 앞두고 이렇게 말하는 사장님은 사라지지 않을 것이다. 구조조정으로 누군가는 회사를 떠나야 하는 순간, 가장보다는 네가 나가는 게 낫지 않겠냐며 여직원 등을 떠미는 이사님도 건재할 것이다. 남자는 군대 2년 다녀왔으니 월급 더 주고 더 빨리 승진시키는 것이 당연하다고 핏대를 세우는 상무님도, 육아휴직 다녀왔으니 올해 승진은 포기하라고 압박하는 부장님도 회사에 오래도록 남아 승승장구할 것이다.

또 오래 일하려면 리더가 되어야 한다. 글로벌기업들은 경력이 쌓일수록 전문가로 성장할 트랙과 관리자로 승진할 트랙을 나누어 운영해 선택할 수 있다. 하지만 우리나라 기업조직에서는 승진하지 못하면 결국 회사에서 나가야 한다. 승진하지 못해 나보다 한참 어린 상사를 모셔야 하는 상황은 어떠한가? 상사도 자신보다 나이 많은 부하 직원이 부담스럽기는 마찬가지다.

다행히 여성들이 더 잘 일할 수 있는 환경이 조금씩 만들어지고 있다. 그러니 열심히 타석에 서서 배트를 휘두르며 체력을 기르자. 홈런은 칠 수 없을 거라고 타석에 서는 것까지 양보하고 포기하면 영영 기회는 오지 않는다. 적극적으로 자신을 어필하고 불러주지 않으면 찾아가 요청하자. 겁먹을 필요 없다. 리더가 되어 누리는 것들을 알게 되면 왜 진작 리더가 되지 않았나 싶은 때가 오게 될 테니까.

리더로 사는 것,
생각보다 괜찮다

[*]

"얼마 안 되는 팀장 수당 받으면서 스트레스받기보다 그냥 팀원으로 일하면서 가늘고 길게 가고 싶어요."

이런 생각을 하는 여성들이 많다. 남성보다 스트레스에 취약한 여성은 스트레스 요인을 피하기 위해서 리더가 될 기회를 사전에 차단해버린다. 하지만 리더는 팔로워보다 스트레스를 덜 받는다.

사람들이 스트레스를 많이 받는 상황은 대략 세 가지로 나뉜다. 불확실한 상황에 놓일 때, 정보가 부족해 상황을 예측하기 어려울 때, 그리고 상황에 대한 통제권이 없을 때. 직장 생활을 하다 보면 이런 일은 상시로 벌어진다. 수시로 떨어지는 인사 발령으로 새로운 환경에서 낯선 사람들과 일을 해야 한다. 하필 금요일 오후, 월요일 오전에 보고서 초안을 리뷰하자는 상사의 요구는 예측이 어려워 더 당황스럽다. 승진이냐 누락이냐, 절체절명의 순간! 결정권은 내가 아닌 상사에게 있다. 한마디로 리더가 되면 더 많은 통제권과 예측 능력을 갖게 된다. 그러니 자연스레 스트레스가 줄어든다.

자기결정이론Self-Determination Theory을 정립한 사회 심리학자 에드워드 데시Edward Deci는 인간은 외적 동기보다 스스로 결정한 자발적 선택이 더 큰 힘을 발휘한다고 주장한다. 자기결정이론에 따르면 인간이 역량과 기능을 잘 발휘하려면 유능감, 자율성, 관계성이라는 세 가지 심리적 욕구가 충족되어야 한다. 유능감 욕구는 자신이 능력 있는 존재이기를 원하고 자신의 능력을 향상시키기를 원하는 욕구를 말한다. 자율성 욕구는 외부의 통제나 간섭 없이 스스로의 행동을 자율적으로 선택하고 결정하려는 욕구를 말한다. 마지막으로 관계성 욕구는 타인과 안정적 교제나 관계에서의 조화를 이루는 것에서 느끼는 안정성을 의미한다. 리더가 되면 바로 이 유능감, 자율성, 관계성의 욕구를 팔로워보다 더 잘 충족시킬 수 있다.

다국적 제약사에서 팀장으로 일할 때 영업 팀장 역량 개발 프로젝트를 지휘한 적이 있었다. 아시아 퍼시픽 지역 9개 나라의 프로젝트 매니저들과 협업했는데 좋은 성과를 만들어 아시아 퍼시픽 임원 회의에 참석해 발표를 하기도 했다. 나의 능력과 가능성을 확인할 수 있는 순간이었다.

프로젝트를 수행할 때 상사는 프로젝트 진행에 대해 전적으로 나를 신뢰했다. 프로젝트 목적과 기대에 대해 상사와 협의한 이후 모든 결정은 내가 했다. 자율성을 극대화될 수 있는 업무 환경이었다. 또한 프로젝트를 진행하면서 각 나라 프로젝트 매니저와 긴밀한 관계를 맺을 수 있었다. 그들은 나의 파트너이자 조력자였으며 뜻을 같이한 동지였다. 이 프로젝트를 통해 나는 조직에서의 입지를 탄탄히 하고 존재감을 분명히 할 수 있었다. 프로젝트 리더로 일하며 힘든 점도 많았지만 나는 내가 생각보다 괜찮은 리더라는 사실에 전율했다. 나의 결정이 큰 변화를 이끌어낼 수도 있음을 온몸으로 느낄 수 있었다. 리더란 더 큰 책임을 지는 자리라 그저 고통스러울 것 같지만, 알고 보면 더 많은 성취감과 자율성을 누리는 자리이기도 하다. 그러니 자기 뜻대로 살고 싶다면 기꺼이 리더가 되어보라.

•○• 리더와 팔로워 중 누가 더 스트레스를 받을까?

화이트홀 연구Whitehall Study는 건강의 사회적 결정요인을 알아보기 위해 영국의 공무원을 대상으로 심혈관 질환의 유병률과 사망률을 조사했다. 화이트홀 1차 연구는 20~64세 18,000명의 남성 공무원을 대상으로 1967년부터 10년간 진행되었는데 분석 결과 공무원 직급과 사망률은 강력한 연관이 있는 것으로 나타났다. 가장 낮은 직급의 직원(배달원, 경비원 등)은 가장 높은 직급의 직원(관리자)에 비해 3배나 높은 사망률을 보였다. 연구자들은 이러한 현상을 '지위 증후군Status Syndrome'이라고 명명했다.

연구에 따르면 직장에서의 고혈압은 업무 스트레스와 관련이 있다. 자신의 기술을 활용하지 못하는 환경이나 긴장 상태, 명료성이 부족한 상황은 업무 스트레스를 높인다. 고혈압 증세를 보인 가장 낮은 직급의 직원은 업무 스트레스 점수가 가장 높았다. 반면 집에서 나타나는 혈압 증세는 업무 스트레스와 연관이 없었다. 결국 낮은 직급의 직원은 높은 직급의 직원보다 업무 스트레스를 더 많이 경험한다는 것이다.

멘토는
여러 얼굴을 하고 있다

*

"제가 다니는 회사에는 보고 배울 사람이 없어요. 선배들을 보고 있으면 나도 저렇게 되겠구나 싶어 한숨이 나옵니다. 그러니 회사에서 롤 모델이나 멘토 찾기는 꿈도 못 꾸죠."

커리어 코치로 일하면서 직장인들에게 가장 많이 듣는 하소연이다. 그런데 재미있는 점이 있다. 이런 이야기는 별로(?)인 회사에 다니는 사람들만 하는 게 아니다. 중소기업, 대기업, 공기업, 외국계 회사까지 회사의 종류나 규모, 직종을 막론하고 누구나 한결같이 이런 이야기를 한다. 도대체 '보고 배울 사람이 있는 회사'는 어디란 말인가?

나도 직장인일 때 이런 생각을 많이 했다. 그리고 더 나은 회사를 찾아 여러 번 이직도 했다. 하지만 내가 다녔던 어느 회사에도 보고 배울 사람은 없었다. 롤 모델이나 멘토는 언제나 '다른 세상'에 있는 것 같았고, 내가 다니는 회사 사람들은 항상 '별로'였다. 정말 사람들이 문제인 걸까?

회사에서 롤 모델이나 멘토를 찾을 수 없는 이유는 내가 모든 조건이 완벽한 사람을 찾기 때문이다. 업무 능력이 우수하고 인성도 좋으며 모두가 좋아하는 사람을 찾기는 쉽지 않다. 일을 잘하면 잘난 척하거나 이기적인 경우가 많고 인간성은 좋은데 일을 못해 주변에 민폐인 사람도 있다. 회사에서는 승승장구하지만 가정생활이 엉망인 사람도 있고 가정만 챙기느라 개인적인 성장과 개발을 등한시하는 사람도 있다. 아주 운이 좋게 여러 면에서 존경할 만한 사람이라고 생각해 다가갔다가 겪어보니 실망스러운 경우도 많다.

그렇다면 멘토는 어떻게 찾아야 할까? 모든 것이 완벽한 한 명의 멘토가 아니라 여러 명의 멘토를 두고 각자에게서 배울 점을 찾으면 된다. 나 역시 이렇게 생각을 바꾸니 배울 게 없는 사람은 없었다. 돌아보니 내가 배울 점이 없다고 버린(?) 회사에도 훌륭한 이들이 많았다.

첫 직장 사장은 필드 엔지니어로 출발해 수백억의 주식 부자가 된 사람이었다. 성격이 괴팍하고 자신 이외에 직원들은 다 놀고 있다고 생각하는 못 말리는 편집증 환자였지만, 일에 대한 열정 하나는 대단했다. 회사에서 먹고 자며 연구열을 불태우고 안 되는 영어로 외국 바이어를 설득하려 애쓰는 모습을 보면서 저래서 성공했구나 싶었다. 글로벌 제약사에서 만난 그는 직원들에게 거침없는 쓴소리를 하는 사람이었지만 실력이 있다면 네 편 내 편 가리지 않고 공평하게 등용하고 기회를 줬다. 내가 이곳에서 많은 일을 경험할 수 있던 것은 그의 덕도 있는 셈이다. 내가 30대 초반을 불태웠던 홍보 회사 사장은 회사를 경영해본 경험이 없어 우왕좌왕하긴 했지만 직원 모두가 평등한 분위기에서 일할 수 있도록 해줬다. 그때 나는 그 사장과 홍보 제안서도 함께 만들고 경쟁 PT도 쫓아다녔다. 그러면서 홍보 전문가로 성장할 수 있었다.

멘토가 없는 또 하나의 이유는 두 눈을 크게 뜨고 멘토를 찾는 간절한 노력을 하지 않기 때문이다. 나비 프로젝트와 원더우먼 프로젝트에서는 경력개발과 직장 생활에 대한 비전을 설정하기 위해서 '멘토 인터뷰'라는 과제를 준다. 사실 이 과제가 쉽지 않다. 회사 내 선배나 직속 상사에게 멘토 인터뷰를 부탁할 때가 있는데 그런 과정에서 전에는 절대 멘토로 생각하지 않던 사람이 멘토가 되기도 한다.

현정 씨는 직속 상사에게 멘토 인터뷰를 요청했다. 그녀는 회사의 자원이 부족한 상황에서 일하면서 자신이 해결책을 제시해야 한다는 것에 큰 부담감을 가졌다. 이런 상황에서 상사가 자신에게 명확한 방향을 제시하지 않는 것이 큰 불만이었다. 그런데 상사에게 이런 고민을 털어놓자 다음과 같은 답변을 들었다.

"어려운 환경이란 것을 나도 잘 알아요. 내가 당신에게 바라는 건 완벽한 해결책이 아니라 당신의 지식과 경험, 네트워크를 최대한 활용한 최선의 해결책이에요. 그것이 옳건 그르건 자신감을 가지고 이야기하세요. 책임은 내가 지니까."

현정 씨는 상사가 자신의 어려움을 알고 있다는 사실에 감격했다. 그녀는 이직하려는 마음을 접고 회사에서 비전을 가지고 일하기로 결심했다.

희영 씨는 회사의 선배 세 명을 인터뷰했다. 그녀는 인터뷰하면서 자신을 객관적으로 보는 데 큰 도움이 되었고 앞으로의 전략과 계획을 수립하는 데 결정적인 힌트를 얻었다고 말한다. 선배들의 조언은 다음과 같았다.

첫째, 여자라고 미리 선을 긋지 마라. 여자임에도 할 수 있는 일이 많다. 미리 포기하면 기회를 얻을 수 없다. 둘째, 구체적인 비전을 가지고 적극적인 경력관리를 해라. 회사에서 시키는 일만 잘하면 되는 시기는 이미 지났다. 셋째, 전문성과 태도 둘 다잡아라. 전문성이든 태도든 하나만 가지고는 안 된다. 두 가지를 조화롭게 관리해야 더 나아갈 수 있다. 탄탄한 경력과 출중한 실력에도 불구하고 '저는 못해요'로 일관했던 그녀는 이제 '나도 리더가 되겠다'라는 마인드로 무장하고 자신 있게 직장 생활을 하고 있다. 그녀의 카카오톡 상태 메시지가 의미심장하다. '달을 향해 과감히 날아가라. 설령 달에 이르지 못하더라도 당신은 별들 사이에서 빛나게 될 것이다'

나는 이 말을 다음과 같이 바꾸어서 그녀에게 전해주었다.

과감히 리더 되기에 도전하라. 리더가 되지 못하더라도 당신 삶의 주인이 될 것이다.

마지막으로는 이미 멘토가 있음에도 이를 인식하지 못하는 경우다. 리더를 키우는 여성 리더들의 모임 WIN^{Women in Innovation}에서 주최하는 여성 리더 컨퍼런스에 멘토로 참여한 적이 있다. 당시 컨퍼런스 주제는 '내부 지지자 만들기'였다. 여성 직장인은 실무능력이 뛰어나기 때문에 경력 초반에는 별문제가 없다. 하지만 중반을 지나면 성장과 발전을 위해 필요한 지지자가 없어 고전하는 경우가 많다. 지지자는 업무를 가르쳐주는 선배일 수도, 감정적인 지지를 해주는 동료일 수도, 내가 하는 일이라면 묵묵히 따라주는 부하 직원일 수도 있다. 하지만 지지자는 이렇게 좋고 편한 사람일 수만은 없다. 가끔은 나를 힘들게 하는 사람이 진정한 지지자인 경우도 있다.

'또라이 총량의 법칙'과 마찬가지로 '멘토 총량의 법칙' 또한 존재한다. 어느 조직이든 일정량의 멘토가 존재한다. 진짜 또라이일지라도 배울 점이 하나라도 있기 마련이다. 눈을 씻고 찾아봐도 장점이 안 보인다면 타산지석의 교훈이라도 찾아보자.

●○● 나를 힘들게 하는 사람 중에 멘토가 숨어 있다?

조선경코칭센터의 조선경 코치는 '지지는 여러 얼굴로 온다'고 강조한다. 지지는 칭찬이나 응원의 모습일 수도 있지만, 스트레스나 날카로운 피드백, 또는 거친 업무의 모습일 수도 있다는 것이다.

조선경 코치는 지지는 피구와 같다고 말한다. 피구에서는 공을 무서워하고 피하려 하면 계속 도망을 다녀야 한다. 그러다 공을 피하지 못하면 죽는다. 하지만 두려움과 스트레스에 맞서 공을 받으면 수비수에서 공격수로 상황이 역전된다. 나를 힘들게 하는 사람 중에서 혹시 나의 변화와 성장을 돕는 멘토가 숨어 있는지도 모른다.

엄마라는 경력은
자부심이다

*

    내가 팀장으로 일하다 회사를 그만둔 이유는 여러 가지였다. 그중 가장 심각하게 나를 억눌렀던 것은 바로 '엄마로서의 책임감'이었다. 일하느라 정신없이 바쁘다가도 문득 '내가 아이를 잘 키우고 있는 걸까? 정작 중요한 것을 놓치고 있는 것은 아닌가? 우리 아이만 뒤처지는 것이 아닌가?'와 같은 불안감이 문득문득 솟구쳤다.

    당시 유치원생이었던 작은 아이는 모든 면에서 느렸다. 남들은 저절로, 아니 몇 달이면 뗀다는 한글을 1년 넘게 가르쳐도 깨치지 못했다. 유치원 발표회에 헐레벌떡 도착해 앉아 있는데 노래 가사도, 영어 대사도 외우지 못하는 아이의 모습을 맞닥뜨리면 가슴이 철렁 내려앉았다. 고민이 깊어지자 나는 아이를 위

148

해서라도 회사를 떠나야겠다는 결심을 했다. 이처럼 많은 여성이 아이를 위해 회사를 떠난다.

아이를 위해 회사를 떠나는 아빠는 참 보기 드물다. 그런데 왜 엄마들은 이런 결정을 할까? 엄마가 되면 여성의 뇌가 변하기 때문이다.

미국의 신경정신과 의사인 루안 브리젠딘Louann Brizendine은 책 『여자의 뇌』에서 '여자의 뇌'는 임신, 출산, 아이와의 신체적 접촉과 같은 육체적 신호를 통해 '엄마의 뇌'로 변화한다고 말한다.

놀랍게도 갓난아이의 머리카락에서 나는 냄새는 페로몬 효과가 있다. 갓난아이와 신체적 접촉을 하는 여자의 뇌는 옥시토신을 방출하고 아이에 대한 갈망을 유도한다. 모유수유를 하는 여자의 뇌는 프로락틴과 옥시토신을 더 많이 분비해 아이와의 유대감을 극대화한다. 여자의 뇌는 임신을 한 그 순간부터 엄마의 뇌로 변하는 것이다. 임신한 여성은 프로게스테론 수치가 높아져 아이에게 최적화된 몸의 상태를 만들어간다. 수유를 위해 유방이 커지고, 두뇌 회로는 졸음에 취한 듯 기분 좋은 상태가 된다. 이로 인해 더 많은 음식을 먹고 휴식을 취하게 된다. 특정 냄새에 대해서 극도로 민감해지기도 하는데, 이는 태아에게 해가 될지도 모르는 음식을 먹지 않으려는 엄마 뇌의 신호다. 임신 후반기에는 스트레스를 유발하는 코르티솔 수치가 높아진다. 하지만 임신기간에는 코르티솔이 안전과 영양 상태, 주변 환경에 주의를 기울이도록 엄마 뇌를 각성시키는 역할을 한다. 출산 경험이 없는 여성에 비해 엄마는 공간 기억력이 뛰어나고, 유연함과 적응력이 높아지며 더욱 용감해진다. 아이를 기르고 보호하는 데 필요한 능력이므로 발달하는 것이다.

이렇게 엄마의 뇌가 되면 공간지각능력, 유연성, 적응력, 과감성 등이 향상된다. 이와 같은 역량은 일하는 데도 긍정적인 영향을 미쳐 자기 일을 더 잘해낼 수 있게 된다. 그럼에도 아직도 우리 사회에서는 '아이는 엄마가 직접 키워야 한다'는 명제가 강력하게 작동한다. 여성이 아이를 직접 키우지 않고 일을 계속한다면 단순히 '돈을 벌기 위해서', 즉 경제적인 이유 때문일 거라고 가정하는 사람들도 여전히 존재한다. 게다가 초경쟁 사회다 보니 엄마들은 '내 아이만 뒤떨어지는 것은 아닌가'라는 불안감에 늘 시달린다.

어떤 엄마들은 아이가 조금 더 크고 나면 다시 일할 거란 결심으로 그만두기도 한다. 그렇다면 아이가 자기 앞가림할 만큼 크고 나면 육아에서 벗어날 수 있을까? 내가 경험한 바로는 그렇지 않다. 아이는 커가면서 다양한 측면에서 엄마의 손길이 필요하기 때문이다.

나는 오랫동안 직장 생활을 하면서 아이를 위해 회사를 떠나는 여성들을 보아왔다. 영유아 시절에 아이에게는 엄마가 꼭 필요하다며 회사를 그만두는 사람이 있는가 하면, 초등학교에 들어갈 즈음인 7~8세 무렵 엄마 역할의 중요성을 깨닫고 떠나기도 한다. 심각한 사춘기를 겪는 청소년기 아이를 위해 일을 접기도 하고, 아이의 외국 유학에 동행하기 위해 오래 다닌 회사를 떠나기도 한다. 아이가 커갈수록 손이 덜 가는 건 맞지만, 고민이 줄어드는 건 아니다. 그렇다면 어떻게 해야 할까? 아이를 위해서 일을 그만둬야 할까? 아니면 나를 위해 버텨야 할까?

일과 아이 사이에서 그만둬야 할까 버텨야 할까 고민이라면 그 답은 나에게 물어야 한다. 자신이 일을 해야만 하는 여자인지, 일 없이도 살 수 있는 사람인지 솔직하게 자문자답해보는 것이다.

하루에도 열두 번씩 '그만둘까 버텨볼까'를 고민하는 당신, 다음 문장에 얼마나 해당되는지 살펴보자.

'일 인간' 체크리스트

1. 나보다 잘나가는 친구를 보면 '나는 뭐하고 있나' 회의감이 든다.

2. 누군가의 아내, 엄마로 불리기보다 내 이름 석 자로 당당히 살고 싶다.

3. 남편이 회사에서 잘나가는 건 좋지만 내조를 할 생각은 없다.

4. 남편 카드를 쓰면서 눈치를 보느니 내가 벌어 내가 쓰고 싶다.

5. 갑자기 잡힌 집안 행사에 참석하기 싫어 일을 핑계로 빠져나갈 구멍을 찾는다.

6. 동네 친구 집에 가서 폭풍 수다를 떨고 나면 왠지 모를 공허감이 밀려온다.

7. 평일 오전에 하는 브런치, 백화점 문화센터 수업이 기대보다 재미가 없다.

8. 좋은 엄마가 되고 싶지만 아이를 위해 내 인생을 희생하고 싶지는 않다.

9. 아이가 받아온 100점이 기쁘지만 그게 내 점수가 아니다.

10. 의무감으로 아이 반 모임에 참석했는데 시간이 너무 안 간다.

해당사항이 많을수록 당신은 가정을 도피처로 삼을 수 있는 여자는 아니다. 당신은 아이나 남편의 성공과 나의 성공은 별개라고 선을 긋는 독립적인 여성이며, 내 돈 벌어 내가 쓰고 나를 위한 프로젝트가 굴러가고 있어야만 생기가 도는 여자다.

나는 10개 모두에 해당되는 여자다. 그러니 전업주부야말로 나에게 극한직업인 것이다. 한때는 나는 왜 이렇게 피곤하게 사나 원망도 하고 한탄도 했다. 하지만 어쩌겠는가, 나는 그런 여자인 것을! 그런데 나 같은 여자도 자발적으로 전업주부가 되었던 시기가 있었다. 30대 후반, 극심한 스트레스로 인한 우울증으로 고생하다 퇴사를 했다. 14년간의 직장생활을 돌아보니 그동안 회사에 엄청난 혹사를 당했다는 생각이 들었다. 몸과 마음은 풀 한 포기 없는 사막같이 피폐해졌고 무엇을 위해 사는지 의미를 찾을 수 없었다.

그러다 맞은 안식년 휴가. 열심히 일한 나에게 주는 선물이었다. 처음 6개월은 하루하루가 즐거웠다. '이게 바로 사는 맛이구나!' 싶은 날도 있었다. 소파에 누워 낮잠도 자고 백화점 문화센터에서 서예도 배웠다. 아이들에게 맛있는 것도 만들어주고 읽고 싶었던 책도 마음껏 읽고 어설픈 글도 썼다. 동네 아줌마들과 몰려다니며 수다도 떨고 차도 마셨다. 하지만 어느 순간, 낯선 일상이 익숙한 하루로 바뀌고 나자 '권태'라는 놈이 나를 공격하기 시작했다. 간간히 들리는 전 직장 동료의 승진 소식에 심사가 뒤틀리기도 했다. 내가 원해서 직장을 버리고 전업주부의 삶을 택했던 건데 그것은 결코 내가 할 수 있는 일이 아니었다.

1년 6개월의 전업주부 생활은 나에게 많은 깨달음을 주었다. 전업주부가 파트타임 주부보다 훨씬 힘들다는 것을, 전업주부는 가족의 대소사를 피해갈 명분도 없다는 것을, 전업주부는 가족을 위해 희생을 마다하지 않는 마더 테레사 같은 존재라는 것을, 무엇보다 '머니는 곧 파워'라는 공식을 확인할 수 있는 시간이었다. 그래서 나는 전업주부를 존경한다. 인정 한번 제대로 받지도 못하면서 끝없는 반복 업무를 견뎌야 하며 그러면서도 본인 스스로와 가족까지 챙길 줄 알아야 하는, 아무나 하기 어려운 일을 해내는 존재라고 생각하기 때문이다.

나와 같은 여자들이 많을 것이다. 일을 해서 돈을 벌고 일로써 의미를 찾고 자신을 성장시키는 재미에 푹 빠진 사람이지만 주변에서는 늘 '왜 그렇게 피곤하게 사냐', '쉬엄쉬엄해라', '돈보다 중요한 것도 많다'와 같은 말들을 듣는다. 그러다 보면 '난 나밖에 모르는 사람인가', '내가 중요한 것을 놓치고 사나' 하는 자책에 빠지기도 한다.

하지만 당신은 그저 태생적으로 그런 여자인 것이다. 자신의 일을 해야만 생기가 나고 스트레스를 받더라도 일에 대한 고민을 할 때 활력이 생기는 그런 여자인 것이다. 이런 여자임에도 불구하고 가정을 위해 일을 버리고 충분히 희생할 수 있는 양 연기하면서 살게 되면 나 자신도 주변 사람들도 고달프게 할 뿐이다. 깨끗하게 두 손 들고 "그래, 나는 내 일 없이는 살 수 없는 여자다!"라고 선언하는 게 낫다.

일 없이는 살 수 없는 자신을 자책하지 말자. 자신이 그런 여자임을 인정하고 나만의 인생 프로젝트에 최선을 다해보자. 그 프로젝트가 꼭 직장생활일 필요는 없다. 조직 안이든 밖이든 내가 할 수 있는 일은 있기 마련이니까. 한 번뿐인 내 인생, 행복하게 살아야 하지 않겠는가. 행복한 엄마가 아이를 행복하게 키울 수 있다.

나는 아이를 위해 회사를 그만두는 여자를 말리고 싶은 마음은 없다. 어떤 선택도 존중받아야 한다고 생각하기 때문이다. 하지만 여자들이 엄마로서의 과도한 책임감과 죄책감에 눌려 원하지 않은 선택을 하지는 않았으면 좋겠다. 당신이 어떤 엄마이든 '엄마'라는 경력은 자부심이니까.

•○• 워킹맘은 전업맘보다 아이에게 마이너스일까?

셰릴 샌드버그Sheryl Sandberg가 쓴 책 『린인Lean In』에는 흥미로운 연구 결과가 등장한다. 1992년 조기탁아연구 네트워크는 미 국립아동보건·인간발달 연구소의 후원으로 엄마가 도맡아 하는 육아와 탁아의 영향력을 집중적으로 연구했다. 30명이 넘는 미국의 권위 있는 아동 발달 전문가로 구성된 연구 네트워크는 1,000명 이상의 아동을 15년 동안 추적해 아이들의 인지 기술, 언어 능력, 사회 행동을 평가했는데, 보고서의 결론은 다음과 같다.

"엄마가 도맡아 양육한 아이들과 타인이 양육한 아이들의 발달 정도는 다르지 않았다."

게다가 두 부류의 아이들은 인지 기술, 언어 능력, 사교 능력, 관계 형성 및 유지 능력, 엄마와 맺는 유대감의 질에서 전혀 차이가 없었다. 그보다 자녀의 말에 긍정적으로 반응하는 아버지, 자녀의 자기 주도적 행동을 선호하는 어머니, 감정적으로 친밀한 결혼 생활을 유지하는 부모의 행동이 아동 발달에 미치는 영향력은 여타 탁아 형태보다 2~3배 컸다.

자녀의
첫 롤 모델이 되자

*

일을 하면 아이에게 쏟는 에너지와 시간이 줄어들어 자녀 교육에 문제가 생길까 봐 섣불리 일을 다시 시작하지 못하는 여성들이 많다. 그러나 이는 일을 하는 엄마가 자녀에게 주는 긍정적인 영향을 간과하는 것이다. 어머니는 청소년인 딸의 경력 지향성과 경력 열망에 매우 큰 영향을 미친다는 사실은 이미 여러 연구를 통해 밝혀졌다. 여성이 직업을 갖는 것은 시대, 그리고 자녀로부터 거리감을 느끼게 해주어 심리적인 측면에서 긍정적인 상호작용이 가능하다는 연구도 있다.

아이는 엄마를 보고 자란다. 게다가 각자도생의 시대에 살아남기 위해서는 여성도 반드시 나만의 일을 갖고 경제적인 활동을 해나갈 줄 알아야 한다. 당신을 바라보고 있는 딸 역시 엄마가 된다면 '워킹맘'으로 살아가야 할 수 있고 아들 역시 일하는 여성들과 상생해야 한다. 따라서 '자기 일을 하며 살아가는 여성의 삶'을 이해하는 데 가장 좋은 첫 롤 모델은 '사회생활 하는 엄마'가 될 수 있다. 엄마가 자신의 경력을 열심히 가꾸고 성장하려고 노력하면 아이도 따라 하기 마련이다. 하지만 무엇보다 엄마 자신이 행복할 수 있다는 점이 가장 큰 장점이다.

재현 씨 또한 그랬다. 연년생 아들 둘을 키우는 재현 씨는 아이들에게 좋은 엄마가 되어주지 못하는 것이 항상 마음에 걸렸다. 아이들이 필요할 때 늘 곁에 있어주는 엄마. 그것이 재현 씨가 생각하는 좋은 엄마의 모습이었다. 고민 끝에 그녀는 30대 중반에 회사를 그만두었다. 아이를 기다리며 간식을 준비하고 숙제를 봐주고 아이가 원하면 언제든 달려갔다. 그러나 어느 순간부터 '이것이 진정 내가 원하는 삶인가?'라는 질문이 문득문득 올라왔다. 재현 씨는 고민 끝에 전에 다니던 회사에 재입사를 했다. 평판이 나쁘지 않아 가능했다.

"저는 제가 전업주부로 살면 행복할 줄 알았어요. 그런데 아니더라고요. 일하면서 제 존재감을 확인하고 사람들과 소통하는 게 너무 즐겁거든요. 아이 친구 엄마들과 소통하는 것과는 완전히 다른 맥락이죠. 또, 소통을 통해 내가 하는 일의 실체를 확인할 수 있어 더욱 만족스럽고요. 이제는 아이들도 많이 커서 자기 할 일을 스스로 잘할 수 있어요."

당신이 자신만의 일 없이는 살 수 없는 여성이라면 회사에서 일하며 일정한 전문성을 쌓을 때까지는 버티라고 조언하고 싶다. 너무 이른 시기에 조직에서 떠나면 다시 돌아갈 수 있는 타이밍을 놓칠 수 있기 때문이다.

아이를 위해 회사를 떠나려 한다면 회사를 떠나기 전에 그것이 과연 유일한 해결책인지 좀 더 신중하게 고민해보길 바란다. 요즘은 모성 보호를 위한 제도가 잘 마련되어 있다. 임신한 여성이 과도한 노동을 하지 않도록 임신기 근로시간 단축 제도가 시행되고 있고 산전 검사나 모유 수유를 위한 시간도 법으로 보장된다. 아직까지 제도를 활용할 분위기가 아닌 회사도 있지만 점점 더 많은 여성이 모성 보호 제도를 활용하고 있다. 아이를 더 잘 키우기 위해서 회사가 제공하는 제도가 있다면 적극적으로 활용하자. 커리어에 대한 욕심은 조금 덜어내고 육아휴직도 가고 아이를 잘 돌볼 수 있다면 재택근무도 고려하자. 유연근무제를 활용하거나 업무 부담이 다소 적은 부서로 이동하자. 이직이

가능하다면 월급이 줄더라도 아이를 잘 돌보며 일할 수 있는 곳을 찾아보자. 아이를 돌보면서도 당신의 커리어를 이어갈 수 있는 곳이 분명 있을 것이다.

꼭 회사로 돌아갈 필요는 없다. 나만의 작은 비즈니스를 구상하는 것도 방법이다. 창업에 대해서 너무 거창하게 생각하지 않았으면 좋겠다. 육아와 일, 시간과 돈을 모두 잡은 밀레니얼 엄마들이 많이 있다.

구글 스타트업 캠퍼스에서 만난 여섯 엄마의 성공적인 창업기를 다룬 책 『육아 말고 뭐라도』에는 10년 넘게 인테리어 회사에서 일한 경력을 기반으로 '스타일앳홈'을 창업한 김혜송 대표의 이야기가 등장한다. 그녀는 "왜 꼭 일과 육아, 둘 중 하나를 선택해야 하는 거지?"란 질문에서 출발해 제3의 길인 창업을 선택했다. 또, 육아 상담 플랫폼 '그로잉맘'을 운영하는 이다랑 대표와 천연 립스틱으로 소셜 펀딩에 연이어 성공한 '율립'의 원혜성 대표도 육아 말고 뭐라도 하기 위해 창업을 했다고 한다. 그러니 당신도 육아와 일 중 하나를 선택해야 한다는 양자택일의 함정에 빠지지 말고 육아 말고 뭐라도 해보라. 다행히 지금은 큰돈을 들이지 않고도 창업을 할 수 있는 시대다. 정부에서 제공하는 창업지원금도 많고 스타트업을 위한 무료 공간이나 교육 프로그램도 넘쳐난다.

육아는 아이를 키우는 '육아育兒'일수도 있지만 나를 키우는 '육아育我'이기도 해야 한다. 아이와 커리어, 두 마리 토끼를 잡을 방법은 분명히 있다. 그러니 섣불리 포기하지 말길 바란다.

안정도 계속되면
불안이 된다

회사 다닐 땐 세상 사람들이 모두 직장인인 줄 알았다. 그런데 회사를 나와 보니 자신만의 업을 만들어가면서 멋지게 살아가는 여성들이 너무나 많다는 것을 알게 되었다. 평일 오후 카페에 앉아 있으면 노트북 앞에서 자신만의 일을 하는 프리랜서를 자주 보게 된다. 아이를 어린이집에 보내고 부지런히 블로그나 유튜브에 게시물을 올리며 수익을 창출하는 엄마들도 많다. 그중에서도 나는 나와 같이 월급쟁이의 삶을 마감하고 자신이 하고 싶은 일을 신나게 하는 여성들에게 눈길이 멈춘다.

일하는 여성들의 멤버십 커뮤니티 '헤이조이스'를 창업한 이나리 대표. 그녀는 대학을 졸업하고 일간지 기자로 직장 생활을 시작해 중앙일보 산업부 차장, 주말 섹션 팀장, 논설위원을 역임했다. 이후에는 은행권청년창업재단 디캠프의 초대 센터장으로 일했다. 창업자들의 후원자이자 상담역으로 창업자, 투자자, 각종 지원기관, 미디어가 연결되도록 역할을 하던 그녀가 헤이조이스를 창업한 이유는 뭘까? 그녀는 '여성 임원'이라는 말처럼 '여성'이라는 꼬리표를 달지 않고도 여성들이 계속 자신만의 일을 할 수 있도록 돕고 싶어서'라고 말한다.

자신의 이름을 건 회사 이진아컨텐츠컬렉션을 운영하는 이진아 대표는 잘나가는 출판 문화 기획자다. 그녀는 출판 기획을 '고수 기행'이라고 말한다. 재야에 숨어 있는 고수들을 발굴해서 세상에 선한 영향력을 미칠 수 있도록 그들의 이야기를 책으로 내는 것이 그녀의 일이기 때문이다. 그녀는 35만 부를 찍어낸 『프린세스 마법의 주문』과 경제 경영 부문 도서 12주 연속 1위를 달성한 『부자언니 부자특강』과 같이 많은 베스트셀러를 만들어낸 출판계 고수로 통한다. 출판사에서 교정 교열 보는 일을 하다가 권고사직을 당하기도 했다는 그녀는 여러 회사를 전전했지만 그 모든 경험이 지금의 일에 기반이 되었다고 말한다.

돌이켜보니 회사에 다닐 때 나는 지금보다 더 불안했다. 월급이 주는 안정감은 있었지만 뭔지 모를 공허함과 조급함 때문에 한시도 쉴 수 없었다. 안정도 계속되면 불안이 되는 법이다. 당신이 만약 익숙하고 안정된 하루하루를 보내고 있지만 만족하지 못한다면, 자신의 성장도 멈춘 것만 같고 회사에서 그저 소진되어가고 있다는 느낌을 받는다면, 언젠가는 회사에서 나와 자신만의 일을 하고 싶은 소망이 있다면 나는 다음과 같은 조언을 건네고 싶다.

우선 일에 몰입해 최선의 성과를 만들어라. 야박하게 들리겠지만 회사에서 나와 일을 잘하려면 회사에서 탁월한 성과를 만든 경험이 있어야 한다. '월급쟁이라 그럴 필요가 없어서 안 하는 거다. 내 사업이면 잘할 수 있다'라는 생각은 당신 착각이다. 성공 경험이 있어야 어디서든 성과를 만들어낼 수 있다. 성과를 만들어내는 근성과 실력, 네트워크를 회사에서 만들면 회사에서 나와서도 얼마든지 하고 싶은 일을 할 수 있다. 그러니 혹시 자신이 회사 일에 소홀히 하면서 회사에서 나가면 꽃길만 걷게 될 거란 근거 없는 자신감을 가지고 있진 않은지 점검해보라.

다음으로 회사에서 나온 뒤 할 일을 찾아보라. 회사를 나와 하게 될 일은 현업에서 했던 일과 연결된 경우가 많다. 물론 완전히 다른 일을 할 수도 있지만 그런 경우 새로운 일을 배우고 익히기 위한 시간과 비용을 각오해야 한다. 이나리 대표의 여성

전용 멤버십 커뮤니티 운영과 이진아 대표의 출판 문화 기획이라는 현재의 일은 과거의 경력 덕분에 더욱 차별화된 경쟁력을 가질 수 있었다. 현재 하는 일에는 미래에 할 일의 힌트가 담겨 있다.

또한 회사에서 일하며 사이드 프로젝트에 도전해보라. 미국의 변호사 마르시 엘보허Marci Alboher는 '슬래시 효과'라는 개념을 제안한다. 슬래시란 어떤 일을 하느냐는 질문에 대해서 딱 한 가지만으로 답할 수 없는 현상을 말한다. 하나의 커리어에 모든 것을 걸기보다는 슬래시로 자신의 여러가지 커리어를 만들어가는 것, 즉 'N잡러'가 되는 게 중요하다는 것이다. 현재 커리어를 그만두고 새로운 일을 하기보다는 관심사와 수입의 원천을 여러 개로 늘리는 노력이 필요하다. NS홈쇼핑의 쇼핑호스트 석혜림 씨가 슬래시 워커의 좋은 예다. 그녀는 쇼핑호스트라는 직업 외에도 스피치 강사로 활동하고 있으며 책 『워라밸 플랜』을 집필한 작가이기도 하다.

마지막으로 때가 되었을 땐 과감히 떠나라. 이나리 대표는 40대 후반, 어느 조직에 속해 있다면 당장은 안락할 수 있지만 몇 년만 지나면 자신의 운명과 경력을 선택할 수 없는 단계로 넘어가게 될 것으로 생각해 창업을 선택했다고 말한다. 결국 자신이 하고 싶은 일을 오래 하고 싶어 창업했다는 것. 이진아 대표 또한 조직에 속해 있기보다는 자신의 가치에 맞는 책을 자신의 방식으로 만들고 싶어 회사를 나왔다. 새로운 인생을 살려면 새로운 출발을 할 수 있는 용기와 결단이 필요하다.

166

사다리 걷어차고
정글짐 오르기

"회사가 전쟁터라고? 밀어낼 때까지 그만두지 마라. 밖은 지옥이다."

직장인들의 심금을 울렸던 드라마 「미생」. 회사를 떠난 선배의 말에 오 차장은 고개를 들지 못한다. 정말 회사 밖은 지옥일까?

회사에서 나와 1인 기업가로 활동해보니 회사 밖은 지옥이 아니었다. 지옥은 모든 사람이 고통받는 곳이 아닌가. 내가 겪은 회사 밖은 지옥보다는 '정글'에 가깝다. 정글에서의 게임 룰은 약육강식이다. 힘 있는 상위 소수가 시장의 대부분을 차지한다. 그렇다고 하위 다수가 모두 굶어 죽는 것은 아니다. 육식동물이 아니라 광합성으로 밥벌이를 할 수 있는 초식동물이라면 정글에서도 얼마든지 생존할 수 있다. 몸집을 줄여 적게 먹고 사는 방법도 있다. 사실 우리는 조금만 먹고도 얼마든지 살 수 있다. 어찌 될지 모르는 미래를 대비해야 한다는 부담감으로 다 먹지 못하는 밥을 벌어 창고에 쌓아놓느라 고달픈지도 모른다.

회사에서 주는 차를 타고 출근해 전용 사무실에서 일하고 내 명함을 보고 존경스러운 눈길을 보내는 사람들을 만나는 것, 그것이 나의 빛나는 미래 그림이었다. 그래서 나는 사다리를 열심히 올랐다. 남들보다 더 빨리 승진하기 위해 열심히 일했고 어느 길이든 지름길이 있다면 마다하지 않았다. 앞서 올라가는 사람의 엉덩이를 만나면 조급했다. 빨리 이 사다리의 끝에 도달해 임원이 되어야 하니까. 평가를 조금이라고 나쁘게 받으면 크게 낙심했다. 사다리에서 후진은 있을 수 없는 일이니까.

그러나 나는 결국 몸과 마음이 무너져내려 사다리에서 뛰어내렸고, 과감히 사다리를 걷어차 버렸다. 나는 이제 더 이상 조직에 들어가 사다리를 오를 계획은 없다. 대신 이제 알록달록 예쁜 정글짐을 오르고 있다. 정글짐은 여러 가지 측면에서 사다리와 다르다. 사다리는 정상에 오르는 길이 하나뿐이지만 정글짐은 여럿이다. 힘이 들면 잠시 걸터앉아 쉴 수도 있고 막다른 길을 만나면 다른 길을 찾을 수도 있다. 나는 작가이자 강사, 코치이자 컨설턴트의 모자를 바꿔 쓰며 다양한 성취를 하고 있다.

정글짐은 오르면서 다양한 사람들을 만날 기회가 있어 좋다. 이 런저런 일을 하면서 만난 사람들과 함께 잠시 숨 고르기를 할 수도 있고 정보를 교환하는 즐거움이 있다. 마지막으로 두 개의 발을 가진 사다리는 자칫 잘못하면 쓰러지고 말지만 여러 개의 발을 가진 정글짐은 좀처럼 무너지지 않는다.

●○● 커리어는 사다리가 아닌 정글짐

"예전에는 커리어를 사다리에 빗대어 얘기하곤 했습니다. 하지만 이 은유는 더 이상 유효하지 않는 것 같아요. 위계질서가 약해진 세상 에서는 말이 되지 않아요. 커리어는 사다리가 아니라 정글짐입니다. 하버드 경영대학원을 나가 일을 시작하게 되면 기회를 찾으세요. 성장을 찾으세요. 임팩트를 찾으세요. 미션을 찾으세요. 옆으로 움 직이고 내려가기도 하고 시작하기도 하고 그만두기도 하세요. 이력 을 쌓지 말고 능력을 쌓으세요. 다른 사람들이 당신에게 준 직함을 평가하지 말고 당신이 뭘 할 수 있는지를 평가하세요. 진짜 일을 하 세요."

페이스북 COO 세릴 샌드버그, 2012년 하버드 경영대학원 졸업 축사 중

스위치는 끄고
다이얼을 돌려라

*

직장 생활을 돌아보면 지금도 생생하게 기억나는 순간이 있다.

"본부장님, 저 회사를 그만둬야 할 것 같아요. 일에 올인해 전력 질
주할 수가 없네요."
"유 팀장, 그게 무슨 소리야? 내가 언제 항상 전력 질주하라고 했나?
컨디션 좋으면 뛰기도 하고 힘들면 걷기도 하고 지치면 앉아 쉬기도
해야지."

이게 무슨 소리인가? 그는 나만 보면 오만가지 할 일을 쏟아
내던 사람인데! 이제 큰 그림을 봐야 한다고 사람들을 움직이려
면 조직 행동에 관한 책을 보라고 나를 다그치던 사람인데!

잠시의 어리둥절 끝에 깨달음의 종이 울렸다. 그는 애초부터 그가 말한 모든 것을 내가 해내리라 기대하지 않았던 것이다. 어쩌면 그는 자신이 나에게 무엇을 지시했는지조차 기억하지 못할 수도 있다(그는 정말 형편없는 기억력의 소유자였고 너무 많이 지시했기 때문에 충분히 그럴 수 있었다). 그저 나 혼자 그가 말한 모든 것을 빠짐없이 다 해내야 한다고 생각했던 것이다.

All or Nothing! 인생은 모 아니면 도, 전부 아니면 전무, 양자택일이라 여기는 사람들이 있다. 나도 그랬다. 회사에 몸 바쳐 일하지 못할 상황이라면 떠나는 게 맞다고 생각했다. 이런 사고방식을 갖고 있으니 '회사에 올인하거나, 전업주부가 되거나' 둘 중 하나의 선택만 가능하다고 결론을 내렸다. 그래서 나는 회사를 떠나 전업주부가 되었다. 이후 구본형 선생님의 제자가 되어 그가 운영하는 연구원 과정에 참여했다. 하지만 당시 나의 삶은 '전업 연구원'이자 '파트타임 주부'였다고 할 수 있다. 온종일 책 읽기와 글쓰기에 매달렸고 살림은 최소한으로 했으니 몸은 집에 있지만 마음은 끊임없이 문밖을 서성이며 할 일을 찾았다고 해도 과언이 아니다.

보험설계사로 일하는 영주 씨. 그녀는 지난 몇 달간 비트코인 투자에 정신이 팔려 보험 계약을 한 건도 못했다. 기본급 없이 성과급만 받는 수입 구조라서 월급은 한 푼도 들어오지 않았지만 보유한 비트코인 가격이 올라 견딜 만하다. 문제는 비트코인 등락에 신경 쓰느라 일이 손에 잡히지 않는 것이다. 또한, 하루에도 몇천만 원이 왔다 갔다 하는 투자 전광판을 보고 있으면 푼돈밖에 들어오지 않는 보험설계사 일이 시시하게 느껴진다. 회사에 있어도 마음은 콩밭이니 일이 제대로 될 리가 있나. 이번 기회에 보험 일을 접고 투자에 올인하면 더 많은 돈을 벌 수 있지 않을까 하는 생각이 점점 커져간다.

중견기업 인사팀에서 일하는 재희 씨는 난임으로 마음고생이다. 남들은 스치기만 해도(?) 생긴다는 아이가 나는 왜 이리도 안 생길까? 벌써 결혼 3년 차. 적지 않은 나이에 결혼한 탓에 양가 부모님은 손주 소식을 손꼽아 기다리는데 병원에 다니며 이런저런 방법을 써봐도 매번 실패다. 난임을 극복한 사람들이 쓴 책을 읽으며 마음을 다잡고 난임 부부들이 정보를 공유하는 온라인 카페에 들어가 희망을 잃지 말자고 다짐하지만 우울한 감정이 가시지 않는다. 회사 일이 힘들어 아이가 생기지 않는 것은 아닐까? 회사를 그만두고 임신에 올인하면 아이가 찾아오지 않을까? 재희 씨는 오늘 밤도 잠을 이루지 못한다.

정신과 전문의 문요한 작가는 『문요한의 마음 청진기』에서 인생을 살아가는 방식은 스위치와 다이얼 방식으로 나뉜다고 말한다. 스위치 방식으로 살아가는 사람에게는 온 또는 오프 두 가지 모드가 존재한다. '아주 잘하거나 또는 하지 않는 것'이다. 인간관계 역시 '친한 친구 또는 남남'이 존재한다. 반면 다이얼 방식으로 세상을 살아가는 이들은 다양한 숫자와 눈금으로 된 다이얼이 있어 자신의 상황과 능력에 맞게 눈금을 조절할 수 있다. 이들은 '모 아니면 도'의 극단적 방식이 아니라 '할 수 있는 데까지 하는' 합리적 방식으로 살아간다. 잘 안 되는 일도 포기하지 않고 할수록 더 잘할 거라는 생각으로 노력한다. 인간관계도 마찬가지다. 절친 아니면 남남이 아니라 다양한 깊이의 인간관계를 유지한다.

스위치 모드의 삶을 살고 있다면 다이얼 모드로 전환하자. 투자의 격언 중 '달걀을 한 바구니에 담지 마라'는 것이 있다. 인생도 다르지 않다. 한 가지 일로 삶의 100퍼센트를 채우면 그 한 가지 일이 잘 풀리지 않으면 삶의 100퍼센트가 망가진다. 영주 씨의 경우 비트코인 가격이 폭락하면 삶도 폭락한다. 재희 씨의 경우 임신이 되지 않으면 삶도 풀리지 않는다. 이런 경우 생활의 포트폴리오를 만들어 다이얼 모드로 운영하면 도움이 된다. 일도 하고 투자도 하고 난임 치료도 받고 여행도 하면 그중 하나는 망할 수 있어도 다 망하는 일은 없다. 그리고 각자의 영역에서 다이얼 모드를 켜고 할 수 있는 데까지 해나가면서 조금씩 나아지고 있다고 믿으면 작은 변화가 시작된다. 그리고 언젠가는 성과도 나타난다. 한스컨설팅 한근태 대표는 1년에 책을 2~3권을 내는 다작 작가다. 내가 그에게 '책이 안 팔려서 실망이에요.'라고 하소연을 하면 그는 이렇게 답한다.

"책을 내는 이유를 바꿔보세요. 나는 공부한 것을 정리하기 위해서 책을 내요. 그렇게 하다 보면 많이 팔리는 책도 있고 적게 팔리는 책도 있어요. 하지만 책을 내는 게 절대 손해는 아니지요."

책이 안 팔리니 망했다고 생각하는 게 바로 스위치 사고다. 나는 책을 잘 팔리는 책과 안 팔리는 책으로 나눠진다고 생각하는 것이다. 한근태 작가는 다이얼 사고를 한다. 책을 낼수록 조금씩 더 배우고 성장하니, 책을 내면 낼수록 더 좋다고 생각한다. 이처럼 스위치 사고는 모든 일을 성공과 실패로 나누지만, 다이얼 사고는 어제보다 성장하고 변화하기 때문에 매사에 훨씬 긍정적일 수 있다.

서른여섯의 직장인 미성 씨는 회사의 기업문화가 맞지 않아 이직하고 싶은 마음이 굴뚝같다. 하지만 이직을 했다가 잘못되면 안 된다는 생각에 엄두를 내지 못하고 괴로운 시간을 보내고 있다. 그녀가 가지고 있는 것이 전형적인 스위치 사고다. 하지만 다이얼 사고를 장착하면 다른 이야기가 된다. 이직해서 그 회사를 오래 다니지 못한다고 해도 그곳에서 얻은 경험과 전문성은 그녀에게 고스란히 남는다. 그것을 기반으로 다음 직장을 찾을 수 있다. 이렇게 다이얼 사고를 장착하면 이직의 공포와 두려움은 한결 덜어낼 수 있다. 또한, 다이얼 눈금만큼이라도 전진할 수 있으니 이직에 대한 의미와 용기를 더 충전할 수 있다.

포트폴리오 생활자로
살아가기

찰스 핸디Charles Handy는 내 스승 구본형 선생님께서 가장 존경하던 경영 컨설턴트이자 1인 기업가였다. 그의 책 『포트폴리오 인생』의 추천사에 스승은 이렇게 쓰셨다.

'찰스 핸디는 오랫동안 내 역할 모델이었다. 그가 그토록 사랑하는 아내 엘리자베스의 표현에 따르면 '뚱뚱하고 키가 작고 대머리'인 그의 외모는 별로 마음에 들지 않는다. 그러나 그의 내면은 내 모델이 되기에 족하다. 관심사항과 경력도 나와 비슷하다. 대학에서 인문학을 전공했고 다국적 기업에서 일하다 그만두고 대학원에서 경영학을 공부한 후 학자와 강연가의 길을 걷고 있는 그는 나의 경력과 90퍼센트 일치한다. 내 길을 걸어오면서 그와 같은 사람이 있는지 알게 되었을 때 그의 삶은 이 유사한 경로와 깊이 때문에 내게 더욱 커다란 이례적인 감동으로 다가왔다. 그나 나 모두 아리스토텔레스가 말하는 '에우다이모니아'를 추구하는 사람들이다. 그러니까 '가장 잘하는 것에서 최선을 다하는 것'을 행복으로 여기고 그 일을 하며 살기를 원하는 사람이다.'

찰스 핸디는 '포트폴리오 생활자'를 전일제 직장이 아니라 다양한 활동으로 삶의 포트폴리오를 구성하며 사는 사람으로 정의한다. 즉 나 같은 1인 기업가를 의미하는 것이다. 나는 직장인도 포트폴리오 생활자가 될 수 있다고 믿는다. 먹고살기 위한 일뿐 아니라 미래를 위한 공부나 투자, 삶을 풍요롭게 하기 위한 취미 등이 모여 삶의 포트폴리오가 될 수 있다.

나는 1인 기업가로서 생활비를 벌기 위한 생업과 미래를 준비하는 공부, 그리고 가족을 위한 시간으로 삶의 포트폴리오를 구성하고 있다. 물론 생업과 공부, 가정생활, 이 세 가지가 모두 다 잘 풀리는 것은 아니다. 하지만 셋 모두가 곤두박질친 적은 없다. 포트폴리오 인생을 살다보니 뜻하지 않는 삶의 기쁨 또는 보람을 맛보기도 한다. 그리고 스승이나 찰스 핸디처럼 가장 잘하는 것으로부터 최선을 다하는 에우다이모니아Eudaimonia를 실현하는 삶으로 나아가고 있다는 생각한다. 그러니 지금 당장 당신 인생의 포트폴리오가 어떻게 구성되어 있는지 확인해 보라! 리모델링이 필요하다면 지금 당장 시도해 보라! 당신도 포트폴리오 생활자로 거듭날 수 있다.

포스트 코로나 시대,
여성에겐 기회

*

이 원고를 쓰는 동안 세상은 큰 변화를 맞이했다. 재택근무는 프리랜서들만의 특권인 줄 알았는데 많은 직장인이 반강제적으로 집에서 일하게 되었다. '오프라인'이 주 무대였던 사람들은 울며 겨자 먹기로 '온라인'에서 살아남기 위한 방법을 강구하기 시작했고 많은 사람이 모이는 곳은 더 이상 축제가 아니라 '두려움'과 '불안'의 근원지가 되었다. 바로 '코로나19' 때문에.

이 바이러스는 세상을 하루아침에 바꿔버리고 말았다. 희망을 잃은 직장인, 프리랜서, 자영업자, 전업주부 등 남녀노소 할 것 없이 앞으로 어떻게 살아야 할지 막막함을 호소한다. 우리는 이 변화를 어떻게 받아들여야 할까?

포스트 코로나 시대를 맞아 우리의 라이프 스타일이 일대의 변환을 맞고 있다. 지금은 그저 불편하고 위기로만 느껴지겠지만 항상 위기 속에 더 큰 기회가 있는 법, 개인적으로 나는 그 변화가 여성에게도 새로운 기회가 될 거라 믿는다.

이상적 근로자Ideal Worker라는 개념이 있다. 산업혁명 초창기부터 형성된 전통적인 직장문화에서 요구하는 근로자의 모습을 표현한 말이다. 우리나라 기업조직에서 이상적 근로자는 돌봄 부담 없이 회사 일에만 몰입하며 회사가 부르면 언제든 달려갈 수 있는 사람을 의미한다. 그래서 대부분의 이상적 근로자는 남성이었다. 여성은 이상적 근로자가 될 수 없었고 스스로 도태되거나 조직에서 도태시켰다.

하지만 포스트 코로나 시대가 되면서 이상적 근로자의 모습이 달라지고 있다. 앞으로는 어디에 있든 성과를 만들어 낼 줄 알면 이상적 근로자가 될 것이다. 실제로 이러한 가정을 실험한 기업이 있다. 미국의 전자제품 소매업체인 베스트바이는 2001년부터 2006년간 ROWEResult Only Work Environment 프로그램을 운영했다. 이는 직원들이 정해진 시간까지 만족할 만한 결과물만 제출하면 회사는 언제, 어디서, 어떻게 일하는지 관여하지 않는 것을 말한다. 미 국립보건원의 조사 결과, ROWE 프로그램 적용을 받는 직원은 일반 직원보다 더 건강하고 회사에 대한 충성도

도 높은 것으로 나타났다.

　지인 중에 열 명 남짓한 직원 규모의 홍보 회사를 운영하는 사람이 있다. 매월 적지 않은 비용을 임대료로 지불하며 공유 오피스를 사무실로 이용했는데, 코로나19로 인해 전 직원이 완전재택과 부분재택을 혼합한 유연근무를 수 개월 했다. 일에 차질이 있을까 우려했지만 그렇지 않았다. 홍보 업무의 특성상 전화, 메일, 메신저, 온라인 팀즈회의 등으로 소통해도 충분했다. 지인은 요즘 공유 오피스 계약 해지를 고민 중이다. 현재 지불하는 임대료의 1/5 수준의 비용으로 작은 사무실을 계약하고 일주일에 한 번 정도만 직원 미팅을 해도 회사 운영에 전혀 지장이 없을 것 같기 때문이다.

　대기업 연구소에서 일하는 진희 씨는 재택근무 덕분에 학교에 가지 않는 아이들을 보살필 수 있어 다행이라고 말한다. 자리를 10분 이상 비우면 알람이 켜지도록 설정된 시스템 때문에 근무 시간에 아이들을 돌볼 수는 없지만 같은 공간에 있다는 것 자체만으로 안심이 된다고 한다. 중견기업 인사팀에서 일하는 민영 씨는 재택근무를 하면서 꼭 필요한 회의만 하고 회의 시간에도 핵심만 간단히 말해서 업무 효율이 높아졌다고 말한다. 더구나 재택근무를 하면서 누가 진짜로 일을 하고 있었는지가 극명히 드러나서 재택근무가 좋아졌다나.

　나 역시 요즘에는 이런저런 미팅을 온라인으로 참석한다. 대학 강의 역시 줌Zoom으로 진행한다. 이렇게 일하다 보니 이동 시간을 절약할 수 있고 시공간의 제약을 뛰어넘어 참여할 수 있어 좋다. 코로나19가 종식되어도 예전의 삶으로 돌아가긴 어려울 것이다. 회사에서 일하는 방식도 많이 변할 것이다. 그러니 그 변화 속에서 안테나를 높이 세우고 기회를 포착하길 바란다. 여성이 가지고 있는 제약과 한계를 뛰어넘을 기회가 오고 있으니 말이다.

Chapter 4

먹고 운동하고
사랑하라

나를 단단하게 만드는 연습

남 탓할 줄 아는
지혜

shift ↑

"17년 직장 생활에서 가장 후회되는 것이 무엇인가요?"

이런 질문을 받는다면 나는 이렇게 대답할 것이다. 코스닥 황제주라 불리던 첫 직장의 우리사주 억대 평가액이 푼돈 수준으로 하락한 후 퇴사한 것(상장 한 달 뒤 J양이 퇴사할 때 모두들 '더 오를 텐데 기다려라'라고 했지만 그때가 최고액이었지), 두 번째 직장이었던 홍보 회사에서 새로 온 사장과 싸우고 홧김에 사표 쓰고 나온 것(준비 없이 나와 이후 엄청 고생했지), 마지막 직장 서치펌에서 임원 타이틀을 달지 못한 것(해달라면 해줬을 텐데 그땐 왜 그런 게 중요하지 않다고 생각했는지).

하지만 무엇보다 가장 후회되는 것은 누구나 부러워하는 글로벌 제약사 팀장 자리를 박차고 나온 것이다. 나는 그때 왜 그런 선택을 했을까?

여러 사정이 있었지만 한마디로 말하자면 '비관의 늪에 빠져 있었기 때문'이다. 비관에 빠져 한없이 무기력해졌고, 좀처럼 다시 일어나기가 쉽지 않았다. 무기력이 계속되자 내가 정말 무능력한 사람이라는 생각에 이르렀다.

비관이란 앞으로의 일이 잘되지 않을 거라고 보는 것이다. 하지만 당시 내가 그렇게 생각할 만한 이유는 충분했다. 우리 팀에는 나보다 능력이 출중하고 윗분들의 총애를 한 몸에 받는, 나의 지시를 사사건건 무시하는 부하 직원이 있었고 낙하산 팀장이던 나는 새로운 업무가 어렵고 힘겨웠다. 아이 둘 낳고 쉴 새 없이 달려온 내 몸은 금세 지쳤고 매일 이어지는 야근과 특근, 회식에 늘 피곤했다. 팀장이 되고 보니 실무능력만으로는 승부를 걸기 어렵다는 현실에 직면했는데 사내정치란 이 세상에서 가장 하기 싫은 일 중 하나였다. 그래서 나는 내가 맡은 일을 잘 해내지 못할 거고, 그럴 바에는 쫓겨나기 전에 내 발로 나오는 게 낫다는 결론에 도달했다.

진영 씨도 그랬다. 그녀는 회사에서 능력을 인정받아 남보다 빨리 임원으로 승진했다. 어쩌다 보니 최연소 여성 임원이 된 것이다. 하지만 그녀는 자신의 승진이 반갑지 않았다. 그저 부담스

럽고 두려웠다. 그녀는 요즘 퇴사를 고민하고 있다. 업무 평가에
서 생각보다 낮은 고과를 받았기 때문이다. 그러고 보니 얼마 전
부터 중요한 회의나 이메일에서 배제되는 것 같은 느낌이 들었
다. 동료나 부하 직원이 면전에서는 좋은 이야기만 하지만 나에
게 뭔가 숨기고 있는 것 같다. 딱히 물증은 없지만 심증은 있는
느낌이랄까? 문득 회사를 떠나던 임원들의 모습이 그려졌다. 임
원을 내보낼 때 이런 식이었다. 그녀는 회사가 자신에게 '나가달
라'는 암묵적인 메시지를 보내고 있다고 결론을 내렸다.

　30대 중반을 지난 여성 직장인들은 자신에 대한 잣대가 엄격
하고 책임감이 강한 사람들이 많다. 그런 태도 덕분에 회사에서
일 잘한다는 소리를 들으며 지금까지 경력을 이어왔을 것이다.
하지만 이런 여성들은 뭔가 문제가 생기면 모든 책임을 혼자 지
려고 하거나 '내가 부족해 이런 일이 일어났다'는 죄책감에 시달
리기 쉽다.

　실제로 여성은 남성보다 우울증 발병률이 두 배나 높다고 한
다. 심리학자들은 여성이 남성보다 과거의 일을 되새기는 '반추'
를 더 많이 하기 때문이라고 분석한다. 나쁜 일이 생기면 여성은
'왜 이런 일이 나에게 일어났나? 혹시 내 잘못이 아닌가?'라고
생각하지만, 남성은 '에이, 모르겠다. 술이나 마시고 잊어버리자'

라고 생각한다는 것이다. 이런 태도는 여성의 자신감을 떨어뜨리고 결국은 그 자리에 얼어붙어 꼼짝 못 하게 한다. 그러니 앞으로는 모든 게 내 탓이라는 사고를 버리고 문제와 해결에 대한 이성적인 접근을 시도해보자.

그때 그 시절로 돌아간다면 나는 회사를 그만두지 않을 것이다. 새로운 일은 누구에게나 힘들다고, 조금만 더 버티면 익숙해질 거라고 나를 다독일 것이다. 내가 리더십이 부족해 그가 나에게 대드는 것이 아니라 그는 원래 싸가지 없는 인간이라고 생각할 것이다. 실력이 부족하면 가르쳐서 키우면 되고 나에 대한 평가가 좋지 않다면 팀원으로 돌아가 일하다 다음 기회를 보면 된다고 스스로를 설득할 것이다. 그러니 당신도 비관의 늪이 당신을 삼켜버리기 전에 얼른 빠져나오라. 당신은 생각보다 훨씬 괜찮은 사람이다.

●○● 무기력도 학습이 된다

긍정심리학의 창시자인 마틴 셀리그만Martin Seligman 펜실베이니아대학교 교수는 다양한 실험을 통해 낙관적인 사람이 직장에서 성공하고 오래 산다는 사실을 밝혀냈다. 그의 주장에 따르면 낙관적인 학생이 비관적인 학생보다 성적이 우수하고 낙관적인 운동선수의 승률은 비관적인 운동선수보다 높다. 셀리그만 교수는 그 이유로 '학습된 무기력'과 '설명 양식'이라는 개인적 통제방식의 차이를 꼽는다. 학습된 무기력은 자신이 뭔가를 변화시킬 수 없다고 여기고 스스로 포기하는 것이다. 이 개념은 동물을 대상으로 한 전기 충격 실험을 통해 입증되었다. 최초의 전기 충격을 무기력하게 경험한 개는 그 후부터 경미한 전기 충격에도 도망치려고 시도하지 않는다. 하지만 똑같은 강도의 전기 충격을 받았지만 도망칠 수 있었던 개는 그 후에 무기력해지지 않았다. 이들은 학습된 무기력에 면역이 생긴 것이다.

설명 양식이란 사건이 일어난 이유를 스스로에게 습관적으로 설명하는 방식이다. 어떤 일이 일어났을 때 나쁜 일은 '항상' 일어난다고 생각하는 사람이 있는가 하면 '가끔' 일어난다고 생각하는 사람도 있다(지속성 차원). 나쁜 일로 인해 '전부' 실패했다고 생각할 수도 있고 '일부' 실패했다고 생각할 수도 있다(만연성 차원). 마지막으로 나쁜 일이 일어난 책임이 '내 탓(내부)'일 수도 '남 탓(외부)'일 수도 있다(개인적 차원).

긍정적인 사람은 나쁜 일은 가끔 일어나는 것이고 일부만 실패했을 뿐이며 이것은 다른 사람의 잘못도 있다고 생각한다. 하지만 비관적인 사람은 나쁜 일은 항상 일어나며 자신은 전부 실패했으며 이것은 온전한 내 탓이라고 생각한다.

돈보다
분별력

shift ↑

돈이 많으면 행복할까? 돈과 행복의 상관관계는 오랫동안 연구자들의 주요 관심사이기도 했다. 1974년 서던캘리포니아대학교 리처드 이스털린Richard Easterlin 교수는 30개국 행복도 조사 결과를 그 나라의 1인당 국민총생산과 비교해 '소득이 늘어도 행복감은 증가하지 않는다'는 연구 결과를 발표했다. 하지만 2008년 와튼 스쿨 벳시 스티븐슨Betsey Stevenson 교수와 저스틴 울퍼스Justin Wolfers 교수는 이스털린 교수가 행복도와 1인당 GNP의 절댓값을 단순 비교하는 오류를 범했다고 지적했다. 이들은 삶에 대한 만족도의 등락이 국가경제의 호황과 불황에 맞물려 움직였음을 주장하며 '돈이 많아질수록 행복하다'고 반박했다.

그러다 2010년 앵거스 디턴Angus Deaton과 대니얼 카너먼Daniel

Kahneman 프린스턴대학교 교수 연구팀이 미국 국립과학원 저널 PNAS에 돈과 행복의 상관관계에 관한 기념비적인 연구를 발표했다. 2008~2009년 미국 전역 45만 명을 대상으로 한 설문조사를 토대로 분석해보니 '소득이 높아질수록 삶에 대한 만족감은 높아지지만 행복감은 연봉 7만 5,000달러(한화 약 8,600만 원)에서 멈춘다'는 결론이 나왔다. 연구팀은 만족도와 행복감을 구분했는데 만족도는 주로 개인의 사회·경제적 지위에 좌우되지만 행복감은 개인의 사사로운 감정을 표현해주기 때문이라고 밝혔다.

여기 그 문제를 집요하게 물고 늘어진 또 한 명의 연구자가 있다. 2017년 하버드경영대학원의 애슐리 윌리엄스Ashley Williams 교수 연구팀은 미국, 캐나다, 덴마크, 네덜란드에 거주하는 성인 4,500명을 대상으로 설문조사를 진행한다. 그 결과, 매월 일정 금액을 요리나 청소 등과 같은 집안일을 대신하는 사람을 고용하는 데 사용한다고 답한 사람(전체 28퍼센트)이 그렇지 않은 사람에 비해 삶의 만족도가 훨씬 높다는 통계가 나왔다. 또한 40달러를 주고 근무시간을 그대로 유지하되 쇼핑을 하게 한 그룹과 40달러로 그에 상응하는 근무시간을 줄이도록 한 그룹의 행복도를 비교한 결과, 여가를 보낼 때 행복지수가 크게 올라가는 것을 확인했다.

돈이 많아 나쁠 것은 없다. 하지만 돈이 전부는 아니다. 돈이 많을수록 생활이 편리하고 풍요로울 수 있지만 행복은 돈으로만 살 수 있는 것은 아니다. 돌이켜 보니 나 역시 내 인생 최고 연봉을 받던 시절이 가장 불행했다. 지금은 그때만큼의 수입을 올리지 못하지만 내 삶에 만족하고 행복하다(여가가 많아서인지도 모르겠다). 그렇다. 행복한 인생을 사는 데 필요한 것은 돈이 아니라 '적합한 곳에 돈을 쓰는 분별력'이다. 직장 생활도 마찬가지다. 욜로You Only Live Once, 소확행, 휘게Hygge와 같은 말이 대유행하며 '열심히 살면 바보'가 되는 분위기를 만들고 있지만, 자신에게 필요한 삶의 태도가 무엇인지 냉철하게 판단할 분별력이 있어야 후회하지 않는다. 또한 일을 제대로 해내고 삶을 기꺼이 즐길 수 있는 나름의 루틴이 있다면 직장 생활도 견딜 만해진다. 여기 그 누구보다 치열한 삶을 살았지만 탁월한 분별력으로 인생의 아름다운 마무리를 하고 있는 사람이 있다. 그녀의 이야기를 들어 보자.

카이스트KAIST 개교 이래 최고의 기부액인 766억 원을 쾌척한 광원산업 이수영 회장. 여든셋의 고령이지만 신혼 2년 차의 새댁이기도 한 그녀는 서울대 법대를 졸업한 뒤 1963년 신문기자로 사회생활을 시작했다. 하지만 1980년 전두환 정부의 언론통

폐합 때 강제 해직되었다. 이를 계기로 신문사 재직 시절 해오던 주말농장 규모를 대폭 늘렸다. 돼지 두 마리로 시작한 목장이 천 마리가 넘는 규모로 성장시켰고 우유가 남아도는 우유 파동 때는 농림부에 초등학생 우유 무료 급식을 건의해 위기를 넘겼다. 이후에는 모래 채취 사업과 부동산 사업에 뛰어들었다. 사업은 순풍에 돛단 듯 잘되어 미 연방정부가 세 들어 있는 건물 주인이 되었다. 그녀는 대한민국의 미래는 과학기술에 달려 있다는 믿음으로 카이스트에 기부하게 되었다고 밝혔다. 평생 모은 돈을 남을 위해 쓰겠다는 그녀는 과연 행복할까? 행복한 사람들은 자원봉사와 같이 타인을 위한 일을 많이 한다고 하니 그녀 역시 기부를 통해 더 큰 충만을 누리리라 믿는다.

돈으로 행복을 살 수 있을까?

이상주의자들은 행복은 돈으로 살 수 없다고 말하지만 반대의 의견을 내는 사람들도 적지 않다. 포브스지의 창간자 맬컴 포브스Malcolm Forbes는 "돈으로 행복을 살 수 없다고 생각하는 사람이 있다면 쇼핑 장소를 잘못 택한 것이다"라고 말한다. 이에 대해 책 『여자의 인생은 결혼으로 완성된다』에서 남인숙 작가는 이런 의견을 덧붙인다.

"난 이 말이 틀리지 않다고 생각하는 사람이다. 많은 심리학자들이 동의하듯 행복이 '기분 좋은 시간이 많은 것'을 의미한다면 돈으로 그 조건을 충족시킬 수 있는 방법은 무한하기 때문이다. 한 가지 문제는 포브스가 말한 '쇼핑 장소'를 잘 선택할 수 있는 지혜는 돈으로도 어떻게 할 수 없다는 것이다. 천문학적인 액수의 재산이 있으면서도 마약 중독에 빠져 피폐해진 할리우드 스타들은 쇼핑 장소를 잘못 택한 것이다. 반면 한창나이에 세계적인 기업의 CEO 자리에서 물러나 자선 사업에만 전념하고 있는 빌 게이츠는 쇼핑 장소를 잘 택했다."

내 인생 최고의 전성기는
지금

내 인생 최고의 전성기는 언제였을까? 외부적인 조건으로 본다면 글로벌 제약사에서 팀장으로 일하던 시절이다. 누구나 부러워하는 회사의 리더였고 그때가 내 인생 최고의 연봉이었으니까(아직도 그 연봉을 회복하지 못했음은 안 비밀!). 하지만 아이러니하게도 그때가 내 인생 최고로 불행한 시기기도 했다. 인생 최고의 전성기에 나는 왜 행복하지 않았을까?

나는 내가 소망한 것들이 이루어지면 행복할 줄 알았다. 결혼과 출산, 내 집 마련, 승진과 높은 연봉이 내 소망이었다. 하지만 성취에 대한 행복감은 오래가지 못했다. 더 많은 성취와 성공이 필요하기 때문이었을까? 더 높이 올라가고, 더 많은 연봉을 받으면 더 행복할 수 있었을까? 아니다. 나는 엉뚱한 일을 하면서 행복을 찾고 있었다. 내가 무얼 하면 행복한지 몰랐기 때문이다.

『사실, 내성적인 사람입니다』란 책에서 남인숙 작가는 행복하기 위해서 충격적으로 좋은 일들이 꼭 필요한 것은 아니라고 말한다. 최고 인기를 누린 유명인들도 절정의 시간이 지난 다음에 더 행복감을 느낀다며 행복은 우리가 발을 딛고 있는 현재의 일상에서도 얼마든지 가능하다는 것이다.

회사에서 일을 주지 않아 블로그 글쓰기를 시작했다는 『매일 아침 써봤니?』의 저자 김민석 PD는 이렇게 말한다.

"사실 대박 드라마는 PD 인생에 그리 자주 찾아오는 일이 아닙니다. 거기에 내 인생의 행복을 걸면 불행해지기 쉬워요. 드라마 연출이라는 일이 주어지지 않을 때 저는 블로그라는 놀이에 집중했습니다. 매일매일 소소한 즐거움을 맛보았습니다. 블로그에 '좋아요'가 늘어나고 댓글이 하나둘씩 달리면 그렇게 기분이 좋아요. 어느 순간, 저는 글 쓰는 즐거움을 아는 사람이 됐어요. 지금도 매일 아침 블로그에 한 편씩 글을 올립니다."

생각해보니 나도 최고 연봉을 찍던 전성기보다 지금이 훨씬 행복하다. 내가 운영하는 코칭 프로그램을 통해 삶의 전환과 도전을 시작한 이들을 보면 가슴이 벅차오른다. 햇볕이 잘 드는 우리 집 거실에서 지니가 틀어주는 음악을 들으며 노트북 자판을 두드리고 있으면 잔잔한 행복감이 밀려온다. 강의나 면접을 위해 나를 불러주는 사람들에게 너무나 감사하다. 남인숙 작가의 말대로 일생에 한두 번 있을까 말까 한 순간만 기다리며 적당한 행복을 미루는 것보다는 삶 속에서 행복을 찾는 게 행복의 비결이다. 그렇게 작은 행복을 계속해서 실천하는 것이다. 행복은 강도가 아니라 빈도인 법이니까.

체력이 곧
실력

```
                              shift ⬆
```

다음에서 말하는 '이것'은 무엇일까?

1. '세계의 경찰'을 자임하는 미국의 여성 국무장관들이 살인적인
   스케줄을 소화해내는 비결이 바로 '이것'이다. 콘돌리자 라이스
   Condoleezza Rice와 매들린 올브라이트Madeleine Albright는 '이것' 광으
   로 알려져 있다.

2. 미국 네이퍼빌센트럴고등학교 학생들은 '이것'을 통해 성적을 대
   폭 향상시켰다. 전문가들 또한 '이것'이 학습능력을 높인다고 말
   한다.

3. 미국 클리블랜드주립대학교의 연구에 따르면 '이것'을 규칙적으
   로 하는 직장인과 그렇지 않은 직장인 간에 연봉이 평균 9퍼센트

차이가 난다고 한다. 가정 전체의 수입 측면에서는 비만 직장인의 가정이 '이것'을 하는 직장인의 가정보다 수입이 25퍼센트나 적다.

정답은 바로 '운동'이다.

흔히들 30대 초반까지는 미용을 위해, 이후부터는 '살기 위해' 운동한다고 한다. 30대 중반부터는 한 해가 다르게 체력의 한계를 실감한다. 예전에는 급하게 끝내야 하는 일이 있어 하루 정도 밤을 새워도 끄떡없었는데, 이제는 놀면서 밤을 새워도 일주일 내내 피곤하다. 건강검진 결과지가 학창 시절 성적표처럼 두렵고 안 좋은 생활 습관을 반영하는 수치에 놀라곤 한다.

나이 먹을수록 체력이 곧 실력이란 사실을 뼈저리게 실감한다. 아무리 똑똑하고 스펙이 좋고 '빽'이 있어도 건강을 놓치면 모든 게 무의미해진다. 게다가 30대 중반부터는 책임질 사람도 늘어난다. 엄마라면 자녀가 있고 상사라면 부하 직원이 있고 사장이라면 직원들, 그리고 직원들의 가정까지 책임져야 한다. 이때부터는 체력관리가 옵션이 아닌 필수가 된다.

가끔 나는 생각한다. 내 인생의 가장 어두운 시절로 돌아간다면 무엇을 해야 할까? 더 효과적인 자기계발? 마인드 컨트롤?

역시 답은 운동이다. 마음이 아프면 몸이 약해진다는 말이 있다. 하지만 몸이 아프면 마음은 순식간에 허물어진다. 나는 여성들이 약점으로 공격받는 지구력 부족이나 헝그리 정신 부족은 정신력이나 상황의 문제가 아니라 체력의 문제라고 확신한다. 나도 한때는 호랑이굴에 물려가도 정신만 차리면 된다고 생각했다. 하지만 호랑이굴에 물려가 보니 정신만으로 할 수 있는 일은 없었다. 전략이 아무리 좋아도 손발이 움직일 수 있는 체력이 없다면 무용지물이다.

내 인생 최고의 암흑기에 나는 우울증에 시달렸다. 우울증은 회사에서의 스트레스가 주원인이었지만 바닥을 친 체력 때문에 상태는 좀처럼 나아지지 않았다. 몸이 약하니 마음도 끝없이 추락했다. 돌이켜보니 그때는 마음보다 몸을 먼저 일으켜 세워야 했다. 몸을 바꾸어 마음을 바꾸는 것이다.

그렇다면 직장인들만 운동이 필요할까? 나 같은 1인 기업가에게 체력 관리는 더 절실하다. 조직의 구성원이라면 조직의 그늘에서 잠시 숨을 돌리거나 비를 피할 수 있다. 하지만 이제는 철저히 홀로서야 하는 존재다. 몸이 아파 일을 못 하면 굶을 수밖에 없다. 혼자 일하니 나를 대신할 사람도 없다. 그래서 강한 체력은 필수다.

또한, 1인 기업가는 자기 자신이 하나의 상품이다. 매력적으로 보여 몸값을 높이고 많은 사람이 나를 선택하도록 유혹해야 한다. 그런 자각에서 시작한 운동은 나에게 새로운 세계를 열어주었다. 운동을 통해 건강뿐 아니라 자신감과 활력을 되찾을 수 있었다. 체력이 좋아지니 삶이 즐거워졌다. 정서가 안정되고 매사에 긍정적이고 열정적으로 임할 수 있다.

●○● 운동하면 업무 성과도 올라간다?

이화여자대학교 교육대학원 체육교육 전공 박혜란이 2019년 발표한 논문 결과에 따르면, 운동하는 직장인이 운동하지 않는 직장인보다 업무 성과가 높았다. 서울 중구에 근무하는 직장인 340명 대상으로 설문조사를 진행한 결과, 운동 참여 기간이 길수록 업무 성과가 올라갔고 운동 참여 빈도는 월 5회 이상, 운동 참여 시간은 1회에 2시간 이상 하는 집단이 다른 집단보다 업무 성과가 높았다. 운동이 근무 스트레스를 줄인다는 연구 결과도 있다. 2004년 보건교육건강증진학회지에 게재된 김만진과 서일의 논문에 따르면, 운동을 규칙적으로 하는 집단은 타 집단에 비해 스트레스 강도가 낮았고 운동 기간이 길수록 스트레스 강도가 낮은 것으로 나타났다.

여자의
운동싫어증

shift ↑

금발의 여자가 무대에 등장하자 감독은 여자에게 "여자답게 뛰세요.Run like a girl"라고 한다. 그러자 여자는 양손을 과장되게 흔들며 우스꽝스럽게 달린다. 이어 다른 성인 여성이 등장해 "오, 내 머리!" 하면서 앙탈을 부리며 달린다. 감독은 열 살쯤 되어 보이는 남자아이와 성인 남성에게 "여자답게 뛰어라, 여자답게 던져라, 여자답게 싸워라"라고 주문한다. 어떤 모습일지 상상이 될 것이다.

장면이 바뀌어 감독은 열 살 소녀 다코타에게 같은 주문을 한다. 그녀는 있는 힘껏 달린다. 최선을 다해 용감하게 싸운다. 다코타보다 어린 소녀들도 등장하여 비슷하게 행동한다. 감독은 소녀에게 묻는다. "여자답게 달리라는 말이 어떻게 들렸나요?"

소녀는 말한다. "최대한 빨리 달리라는 말로 들렸어요."

처음에 등장한 금발의 여자에게 감독이 묻는다. "여자아이들에게 누군가가 '여자답게 행동해'라는 말을 부정적으로 한다면 그들에게 어떤 영향을 미친다고 생각하나요?" 그가 답한다. "제 생각에 그 말은 여자아이들의 자신감을 크게 떨어뜨리고 우울하게 만들 거라고 생각해요. 사춘기 때 스스로 자아를 찾아가고 있는데 누군가 그렇게 말한다면 '너는 나약하고 훌륭하지 않다'라는 의미로 받아들일 거예요."

위 내용은 P&G 생리대 브랜드 위스퍼가 전 세계적으로 실시한 'Like A Girl' 캠페인 광고 동영상을 요약한 것이다. 이 광고는 여성의 주체적인 모습을 담은 펨퍼타이징Feminism+Advertising 광고로 불리는데 현재(2020년 8월) 약 6,860만 뷰를 기록하며 사회적 파장을 일으켰다. P&G는 '여자답게'란 말이 부정적이고 수동적인 의미로 자리를 잡는 상황에서 성별 고정관념을 깨는 계기를 만들고 싶다는 캠페인 제작 동기를 밝혔다. 실제로 이 광고 캠페인을 통해 '여자답게'라는 말을 긍정적으로 받아들이는 수치가 19퍼센트에서 76퍼센트로 증가했다고 한다.

동네 축구장이나 운동장을 지나가다 보면 주로 남자아이들이 운동을 즐기는 광경을 목격하게 된다. 여자아이들은 다 어디에 있는 걸까? 여자아이들은 사춘기를 거치며 '운동싫어증'에 걸린다. 『여자는 체력』 박은지 저자는 중학교 3학년 때 100미터 달리기를 하는 장면을 떠올리며 그 원인을 찾는다. 여자애들이 운동장을 달리는 모습을 보면서 남자애들이 운동장 스탠드에 앉아서 야유와 조롱을 보내는 모습. 남자애들은 여자애들의 가슴을 노골적으로 쳐다보면서 시시덕거리고 손가락질한다. 가슴이 큰 친구는 체육 시간이 끝나고 나서 수치심에 눈물을 뚝뚝 흘린다. 학창 시절 내내 뚱뚱한 외모로 괴로워하며 온갖 다이어트를 섭렵한 저자는 체육교육학 학사와 운동생리학 석사학위를 받고 건강운동관리사(운동처방사) 자격증을 취득한 뒤 살림의료복지 사회적협동조합에서 일했다. 그녀는 기존의 운동 센터가 여성의 몸을 대하는 무례하고 가부장적인 방식에 문제를 느꼈다고 고백한다. 그녀는 중학교 체육 시간을 떠올리며 이렇게 말한다.

"이런 경험을 한 여자아이들은 '조신한 여자'의 '바른 몸가짐'이라는 고정관념을 심어놓은 탓에 몸과 마음을 억압하고 있는 듯하다. '네 몸이 할 수 있는 만큼 마음껏 움직여봐! 움직이는 것도 공부야' 이렇게 격려하며 여자아이들이 도전적인 활동과 무궁무진한 움직임을 통해 몸의 지혜를 기르도록 지원하는 교육이 필요하다."

　운동싫어증을 극복하는 방법은 운동의 중요성을 알고 직접 해보는 것이다. 지난여름 나는 강릉원주대학교 여대생들과 함께 〈여자는 체력〉 프로젝트를 진행했다. 크게 여자의 몸, 여자의 운동, 여자의 식이라는 주제로 나누어 동영상을 촬영하고 네이버 밴드에서 3주간 동영상을 보고 활동 과제를 수행하는 방식으로 운영되었다. 2주 차에는 〈여자는 체력, 운동 챌린지〉를 진행했다. 매일 자신의 운동 인증샷을 밴드에 공유하여 서로를 응원하는 이벤트였다. 걷기나 달리기뿐 아니라 스피닝이나 폴 댄스와 같은 운동 사진과 동영상이 올라왔다. 그렇게 일주일간 운동 인증샷을 공유하면서 우리는 작은 성공을 경험하고 할 수 있다는 자신감을 끌어올렸다. 그런 경험을 통해 우리는 운동싫어증을 극복하고 프로 운동러로 거듭날 수 있다고 믿는다.

금융 통장보다 든든한
근육 통장

shift ↑

여자들은 피트니스센터에서 러닝머신만 걷다가 오는 경우가 많다. 나 역시 그랬다. 그것이 제일 만만한 운동기구였고 다들 그렇게 하는 것 같았으니까. 하지만 제대로 운동하고 싶다면 근력을 기르는 웨이트 트레이닝을 해야 한다. 이 책을 읽는 당신이 운동 초보라면 알고계시라. 운동에는 유산소 운동과 근력운동이 있다. 유산소 운동은 말 그대로도 산소를 소비하는 운동이고 근력운동은 저항운동이라고도 하는데 근육에 일정한 과부하(무게)를 주는 운동을 말한다. 이때는 산소 소비가 필요하지 않으므로 이는 무산소 운동이라 할 수 있다. 그렇다면 유산소 운동과 근력운동의 효과는 어떻게 다를까?

유산소 운동이 불안과 우울을 잠재우는 효과가 있다면 근력운동은 자아존중감 향상에 효과가 있다. 근력운동을 하면 자신감이 생긴다는 뜻이다. 연구에 따르면 근력운동의 자아존중감 향상 효과는 운동 프로그램이 종료된 40주 후에도 유지된다. 중소기업 오너들을 대상으로 한 운동 효과 연구에 따르면 근력운동을 하는 기업가는 내적 보상에 긍정적인 효과가 있었다. 즉 근력운동을 하면 외부로부터 직접적인 대가가 없어도 목적을 달성했다는 내적인 만족감과 성취감이 높아진다.

미스코리아 출신의 트레이너인 정아름 씨는 모 신문과의 인터뷰에서 운동하게 된 계기를 이렇게 설명한다. "운동에 대한 즐거움을 느끼게 된 것은 20대 중반부터이다. 그 당시 힘든 일을 겪고 미래가 불투명한 상황에서 노력의 결과를 그대로 돌려주는 것은 내 몸뿐이라는 결론에 도달했다." 그렇다. 근력은 노력에 비례한다. 근력운동의 결과로 근육이 조금씩 생기고 몸의 변화를 느끼면 자신의 가능성과 잠재력을 믿게 된다. 건국대 몸문화 연구소의 김종갑 교수는 근육을 만드는 것은 미모를 가꾸는 것과 다르다고 말한다. 아름다운 여성이라고 해도 거울을 통하지 않고는 자신의 얼굴을 볼 수 없다. 그 아름다움은 나보다는 타인이 보고 느끼기 쉽다. 하지만 근육의 밀도와 움직임은 자기 자신만이 느낄 수 있다는 것이다.

혹시 이 글을 읽으며 근력운동을 하다가 남성 보디빌더처럼 높이 솟은 승모근이나 핏줄이 터질 것 같은 울룩불룩 근육이 생기면 어쩌나 걱정하는 사람이 있다면 그런 걱정은 할 필요가 없다는 점을 분명히 말해주고 싶다. 여성은 호르몬의 영향으로 남성과 같은 형태의 근육이 생기기는 매우 어렵다. 보디빌딩 대회에서 수상하는 근육질의 여성들은 일반인들이 상상하기 힘든 운동 강도와 식단을 소화해낸 사람들이다. 그러니까 마음 놓고 운동하시라.

몸에 근육이 늘어나면 여러 가지 이점이 있다. 우선 근육은 같은 무게의 지방과 비교해 부피가 약 70퍼센트 정도다. 그래서 같은 몸무게라도 근육량이 많은 사람이 더 날씬해 보인다. 또한 근육은 지방세포보다 유지하는 데 더 많은 에너지가 필요하다. 따라서 근육량이 늘어나면 기초대사량도 늘어난다. 그 말은 같은 양을 먹어도 소비되는 에너지가 많아 쉽게 살이 찌지 않는다는 것이다.

한겨레신문 이정연 기자는 저서 『근육이 튼튼한 여자가 되고 싶어』에 자신의 근력운동 역사를 고스란히 담았다. 그는 본인의 근력 수준을 이렇게 표현했다.

"20킬로그램 바벨(역기)을 바닥에서 떼어 들 수 있고 18킬로그램 커틀벨을 한 손에 잡고 그 팔을 뻗어 머리 위로 들어 올릴 수 있다."

이 정도면 역도선수 장미란도 울고 가겠다. 그녀는 금융 통장을 보면 막막한데, '근육 통장'을 보면 든든하다고 말한다. 100세 시대 노후 대비 가운데 이만큼 이율 높은 통장은 없다나. 그녀는 자신의 근육들이 일상을 야무지게 받쳐준다고 한다. 근육 덕분에 허리와 목을 곧게 펴고 책상 앞에 앉을 수 있고, 좋아하는 음악이 나오는 공연장에 가서 방방 뛰논다. 요리할 때 허리를 손으로 짚지 않으며 강한 체력 덕분에 사람들에게 다정할 수 있다. 이 기자의 운동 목표는 '예쁜 몸'이나 '남들이 보기 좋다고 인정해주는 몸'이 아니라 '몸과 마음이 건강한 사람이 되는 것', 즉 근육이 튼튼한 할머니가 되는 것이라고. 그녀는 정말 근사한 할머니가 될 것 같다.

•○• 불안감이 올라올 때는 걸어보자

걷기, 달리기, 수영, 자전거 타기와 같은 유산소 운동은 불안감을 감소시키고 우울감을 개선한다는 연구 결과가 많다. 유산소 운동을 장기간 실천하면 특성불안(불안을 일으키는 특별한 대상이나 사건과 상황이 없는데도 불구하고 지속되는 불안)이 감소하고 일회성 운동은 운동 전에 비해 운동 후의 상태불안(특수한 상황 속에서 순간적으로 체험되는 불안)을 낮추는 효과가 있다. 영국 왕립정신과 협회가 가벼운 우울증을 겪는 성인을 대상으로 한 연구에 따르면, 주 3회 60분간 유산소 운동을 한 그룹의 우울증 척도 점수는 22.2점에서 10.8점으로 낮아졌다고 한다.

나는
먹는 대로 만들어진다

shift ↑

앞에서 나는 운동의 중요성을 이야기했다. 운동을 통해 몸과 마음을 변화시킬 수 있고 자신의 삶을 더 긍정적이고 적극적으로 꾸려갈 수 있다. 그런데 운동이 더 중요할까, 식이가 더 중요할까?

『운동 미니멀니즘』 저자 이기원 트레이너는 둘 다 중요하지만 그래도 우리 몸을 이루는 것은 '먹는 것'이라고 말한다. 그는 운동하는 사람은 'You are what you eat(나는 먹는 대로 만들어진다)' 란 말을 마음속에 새겨둬야 한다고 강조한다. 하루 중 운동 시간은 1시간에 불과하지만 몸이 결정되는 시간은 나머지 23시간에 해당하기 때문이다.

운동 후 몸의 변화를 원한다면 운동 후 먹는 것에 각별한 신경을 써야 한다. 보통 운동 후 30분~1시간 동안 '기회의 문'이 열린다고 말한다. 운동 후에 몸은 영양소가 급히 필요한 상황이 되어 무엇을 먹느냐에 따라 큰 영향을 받기 때문이다. 운동 후 첫 식사는 탄수화물을 소량만 섭취하거나 흡수가 느린 정제되지 않은 탄수화물을 먹는 것이 좋다. 그러면 남은 탄수화물이 지방이 되어 몸에 저장되는 것을 막을 수 있다. 그다음에는 단백질을 먹는다. 그러면 탄수화물이 연료 역할을 한 후 섭취한 단백질을 근육에 보낼 수 있다. 그렇게 근력운동으로 미세하게 파열된 근육으로 단백질이 투입되면 근육이 형성된다.

탄수화물은 에너지를 내고 뇌를 움직이기 위해 꼭 필요한 영양소지만 우리나라 식단에서 차지하는 비율이 너무 높은 게 문제다. 흰쌀밥, 국수, 빵, 떡, 설탕과 같은 정제 탄수화물을 줄이고 현미잡곡밥, 통밀빵, 통밀파스타, 감자, 고구마, 단호박 등을 섭취하는 것이 좋다. 성인 기준 하루 단백질 권장량은 '몸무게×1그램'이다. 콩이나 두부와 같은 식물성 단백질도 좋고 지방이 적은 고기 부위인 닭가슴살, 소고기 우둔살과 사태살, 돼지고기 앞다리살을 섭취하길 권한다. 고등어, 연어와 같은 생선류와 달걀을 충분히 섭취하는 것도 좋다. 그 외에 우리 몸은 신선한 채소와 과일에 들어 있는 비타민과 무기질, 그리고 아몬드, 호두와 같은 견과류에 들어 있는 지방도 필요하다.

그런데 여기서 꼭 짚고 넘어가야 할 것이 있다. 정말 먹고 싶은 음식이 있는데도 계속 참는 것만이 미덕일까? 아니다. 평생 몸에 좋다는 것들만 먹고 살기에는 우리 인생이 너무 팍팍하다. 또 인간의 당연한 욕구인 식욕을 극단적으로 억누른다면 정신 건강까지 해치게 된다.

그렇다고 먹고 싶은 것을 마음껏 먹을 수는 없다. 내 식욕을 너무 억누르지 않으면서도 건강을 지킬 수 있는 한 가지 방법이 있다. 치팅데이를 이용하는 것이다. 우리 몸은 평소 식이조절을 잘 했다면 하루 굶거나 폭식을 해도 몸에 변화가 생기지 않는다. 치팅데이는 이런 특성을 이용해 일주일에 한 끼는 먹고 싶은 음식을 마음껏 먹는 것이다. 식욕을 억누르기만 하면 스트레스를 유발할 수 있고 폭식으로 이어질 수 있기 때문이다. 그러니 치팅데이를 무기 삼아 건강한 식단을 유지하면서 내 몸과 마음을 단단하게 만들어보자.

여성에게만 찾아오는
황금 주간

```
shift ↑
```

나는 한 달에 한 번씩 꼭 몸이 안 좋은 시기가 있었다. 그러다 미국의 산부인과 전문의 레베카 부스$^{Revecca Booth}$의 저서 『여자에게 몸이란 무엇인가』를 읽고 그 이유를 알게 되었다.

이 책은 여자의 몸이 에스트로겐과 테스토스테론, 그리고 프로게스테론에 따라 어떻게 변화하는지 상세히 알려준다. 더불어 충격적인 사실도 알려준다. 한 달을 기준으로 볼 때 여자의 황금기는 단 일주일뿐이라는 것이다. 한 달에 고작 일주일만 최상의 컨디션을 유지할 수 있다니! 이 얼마나 기막힌 일인가!

저자는 생리가 끝난 후 일주일 정도, 즉 배란일 전 5~7일 정도의 기간에 '비너스 위크'라는 이름을 붙였다. 비너스 위크라는 이름은 로마 신화에 나오는 사랑의 여신 비너스에서 따왔다. 관능과 에로틱한 아름다움의 상징인 비너스가 여성들에게 여성성의 힘을 깨닫게 하기 때문이다. 비너스 위크를 지배하는 호르몬은 에스트로겐이다. 에스트로겐이 고조될 때 여자는 다음과 같은 변화를 보인다.

생리적 변화

- 에너지와 성적인 관심, 정신적인 명료함이 절정에 달한다.
- 머리카락이 더 풍성해지고 부드럽고 윤기가 흐른다.
- 관절의 유연성이 좋아져 몸이 유연하고 날렵해진다.
- 피부의 탄성이 좋아지고 수분도 잘 유지되어 빛나는 듯한 느낌을 준다.
- 식욕이 줄고 날씬해진 것처럼 느껴진다.

행동과 정서의 변화

- 자신이 매력적이라는 느낌이 더 강해지고 주변 사람들과의 관계가 더 원활해진다.
- 자신의 삶 전반에 더 적극적, 긍정적, 낙관적이 된다.
- 다른 사람의 이야기에 더 잘 귀 기울이고 타협점이나 해결책도 더 쉽게 이끌어낸다.

◦ 머리가 맑아지고 자신감이 충만해지며 더 당당해진다.

◦ 사랑하는 사람에 대한 관심이 커지고 성본능이 강해진다.

저자는 여성의 황금기인 비너스 위크를 적극적으로 활용하라고 조언한다. 사랑하는 사람이 있다면 그와 가까워질 수 있는 계기를 만들어보자. 임신을 계획 중이라면 이 시기를 놓치지 말자. 사업상 중요한 결정이나 회사에서 중요한 발표가 있다면 더 자신감을 가지고 임하자. 오랫동안 미루어놓았던 일을 과감하게 시작하는 것도 좋겠다. 서먹한 관계가 있다면 갈등의 실타래를 푸는 시도를 하는 것도 좋다. 몸과 마음의 컨디션이 최상이니 어떤 일이든 잘해낼 수 있다.

짧은 비너스 위크가 지나면 배란이 일어나고 '미네르바 시기'가 찾아온다. 이는 배란일 이후 2주의 기간으로 에스트로겐이 줄고 프로게스테론이 서서히 증가한다. 미네르바 시기에는 기분이 가라앉고 감정 변화가 심해진다. 경우에 따라 변비나 졸음, 불안 등이 나타나 생리전증후군PMS 증상을 호소하기도 한다. 여성의 몸은 이 시기에 임신이 되었다고 가정해 더 많이 쉬고 더 많이 먹을 것을 요구하기 때문이다. 이쯤에서 이런 생각이 들 것이다. '최상의 컨디션을 유지할 수 있도록 비너스 위크를 연장시

킬 수 없을까?'

　안타깝게도 비너스 위크를 연장시킬 방법은 없다. 하지만 이를 최적화함으로써 매 주기를 최대한 행복하게 지낼 수는 있다. 이를 위해서는 비너스 파워를 끌어올리기 위한 식단과 생활습관이 중요하다. 백미, 흰빵, 라면, 파스타, 단 음료나 사탕, 과자와 같은 정제 탄수화물 위주의 식단은 인슐린 수치를 높이고 이는 난소에서 테스토스테론과 안드로겐을 과도하게 분비하게 만들어 비너스 위크를 사라지게 만든다. 테스토스테론과 안드로겐 같은 남성호르몬이 과도하게 분비되면 복부비만과 안면 발모, 여드름이 발생한다. 생각만 해도 끔찍하지 않은가.

　비너스 파워를 끌어올리기 위한 또 하나의 방법은 '운동'이다. 여성의 몸은 운동하지 않으면 부상을 입었다고 판단해 대사 과정을 늦추고 배란을 억제한다. 임신하기에는 적당하지 않다고 판단해 스스로 몸을 보호하는 것이다. 따라서 적절한 운동으로 자신의 몸에 건강하다는 신호를 보내고 신체적, 정서적, 영양상의 균형을 유지하는 것이 필요하다.

몸을 기록하는
습관

shift ↑

나는 본래 몸에 무심한 사람이었다. 아무리 몸이 힘들어도 어떻게든 정신력으로 버틸 수 있다고 생각했다. 그러나 나이가 들고부터는 좀처럼 의지를 따라오지 못하는 몸이 원망스러울 뿐이었다. 나 역시 임신과 출산, 지난한 육아의 시간을 거치면서 몸이 허물어져 내린 보통의 여자였다.

그러다 몸에 관심을 갖게 된 결정적인 계기가 있었다. 30대 후반에 혹독한 우울증을 겪으면서다. 나는 우울증이 '약한 마음' 때문이라고 생각했다. 정신을 차리고 마음을 다잡으면 이겨낼 것으로 생각했다. 하지만 그것은 착각이었다. 우울증은 '약한 몸' 때문에 생긴 것이었고 몸이 무너지자 마음은 걷잡을 수 없이 약해졌다.

　결국 안식년을 선언하고 회사를 떠날 수밖에 없었다. 안식년 동안 무너진 몸을 일으켜 세우기 위해 다양한 시도를 했다. 충분한 휴식을 취했고 몸에 좋은 음식을 골라 먹었다. 식습관을 바꾸고 몸이 보내는 소리에 귀를 기울였다. 가정의학과 전문의 정양수 선생님이 운영하는 해독 및 다이어트 프로그램을 시도했고 글쓰기 모임에서 진행하는 100일 프로젝트에 참여해 몸 일기를 썼다.

　몸 일기에는 하루 동안 자신이 한 활동과 먹은 음식, 그리고 몸 상태를 상세히 기술한다. 하루하루 바쁘게 살다 보면 몸의 신호를 놓치기 쉬운데 100일 동안 몸 일기를 쓰다 보니 내 몸이 어느 때 나빠지는지 패턴을 알 수 있었다. 몸 일기를 통해 나는 밥을 잘 챙겨 먹고 충분한 수면을 취하며 감당할 수 있을 정도의 일을 내 속도로 해야 한다는 사실을 깨달았다.

　나는 꼭 한 달에 한 번 정도 몸 상태가 나빠졌는데 이는 생리 주기와 일치했다. 아울러 스트레스를 받을 때, 잠이 부족할 때, 식사를 제때 하지 않을 때, 육체적으로 무리를 할 때면 컨디션이 급격히 나빠졌다. 몸 일기를 통해 나는 밥을 잘 챙겨 먹고 충분한 수면을 취하고 감당할 수 있을 정도의 일을 내 속도로 해야 한다는 사실을 깨달았다.

몸 일기는 하루 동안 자신이 몸을 위해 한 활동과 몸 상태를 기록하는 것으로 특별한 양식은 없다. 나의 몸 일기를 참고해 당신도 스스로 몸에 대해 생각하는 시간을 가져보라.

◦ 예시

날짜	2019년 11월 25일
식사	- 아침: 고구마 2개와 사과 반쪽, 두유 1팩 - 점심: 현미밥, 오징어무국, 갓김치, 달걀프라이 - 저녁: 현미밥, 김치찌개, 조미김, 어묵볶음, 메추리알장조림, 　배추김치 - 간식: 단감 1개, 귤 2개
수면	오후 11시부터 오전 6시까지 7시간을 잤다. 중간에 소변이 마려워 깨는 바람에 숙면은 취하지 못한 것 같다. 기상 후 어깨 통증이 느껴졌다.
대변	아침 식사 후 1회, 저녁 식사 후 1회, 색깔이 다소 어둡고 굵기가 가능
소변	색깔이 엷은 노란색. 화장실 갈 때마다 스쿼트 10개 완료!
운동	저녁 9시에 요가소년 유튜브를 시청하며 30분간 요가. 몸이 개운해지는 느낌이다.
수분섭취	500밀리리터 물병으로 2번, 총 1리터 정도 수분 섭취
통증	감기 기운이 있는지 목이 아프고 가래가 낀 것 같아 보이차를 마셨다.
총평	오늘의 몸 상태는 100점 만점에 80점 정도. 오늘은 수면 시간을 조금 더 늘려야겠다. 또한, 날씨가 추워지고 있으니 더 두꺼운 옷을 준비해야겠다.

넘사벽도
열등감은 있다

shift ⇧

오스트리아 출신의 정신의학자이자 심리학자인 알프레드 아들러Alfred Adler가 창시한 개인심리학을 대담식으로 풀어쓴 책 『미움 받을 용기』. 이 책에서 아들러는 '인간의 고민은 전부 인간관계에서 비롯된다'라고 분석한다. 그러한 인간관계 고민의 근저에 깔린 감정은 '열등감'이다. 열등감이란 타인과 자신을 비교하면서 박탈감을 느끼는 것으로 아들러는 인간관계의 중심에 경쟁이 있으면 영영 인간관계에 대한 고민에서 벗어나지 못하고 불행의 늪에서 허덕일 수밖에 없다고 단언한다. 그렇다면 이놈의 열등감에서 어떻게 벗어날 수 있을까?

직업 특성상 나는 우리 사회에서 성공했다고 평가받는 사람들을 많이 만나봤다. 제약사에서 일할 때, 내 고객은 의사였다.

당시 나는 강남의 개인병원 영업을 담당했는데 S대 의대 출신의 고객이 있었다. 그는 실력도 좋고 언변도 뛰어나서 각종 세미나 연사로 불려 다니는 사람이었다. 학벌과 실력, 그리고 재력까지 겸비한 그였지만 심각한 열등감을 가지고 있었다. 대학병원에 남아 교수가 되지 못하고 개원했기 때문이었다.

공기업 채용의 전문 면접관으로 활동하면서는 5급 사무관을 만날 기회가 있었다. 5급 사무관이면 행정고시를 패스한 수재로 9급 공무원으로 시작한다면 약 20년이 되어야 오를 수 있는 자리다. 하지만 그는 자신의 자리에 만족하지 못했다. 더 끗발(?) 좋은 부처로 가지 못해 안달이었다. 모두가 부러워한다는 부처에서 근무한다는 동기 이야기를 끝도 없이 했다.

사회생활을 하며 깨달은 한 가지 사실은 바로 이것이다.

'어디서 어떤 일을 하든 열등감은 있을 수 있구나!'

더구나 우리나라는 초경쟁 사회다. 어디를 가나 경쟁이 존재한다. 경쟁은 삶에서 계속 이어진다. 입시 전쟁이 끝나면 취업 전쟁에 뛰어들어야 한다. 취업하고 나면 승진 경쟁이 시작된다. 어디서 어떤 일을 하든 타인과 경쟁해야 하다 보니 열등감에서 벗어나기 쉽지 않다.

열등감에 대한 아들러의 처방은 다음과 같다. "타인과의 경쟁을 멈춰라. 경쟁은 자신 즉, '이상적인 나'와 하라".

타인과의 경쟁을 멈추면 인생은 훨씬 만족스러워진다. 사실 자신과도 반드시 경쟁할 필요는 없다. 현재의 자신에 만족한다면 그렇게 살아도 괜찮다. 하지만 그 마음에 도전이나 실패에 대한 두려움이 숨어 있는 것은 아닌지 잘 살펴보는 것이 좋다. 더 나은 자신이 되고 싶다면 과거의 자신과 경쟁해볼 만하다. 타인을 의식하지 않고 온전히 자신에게 집중하는 삶이 바람직하다.

심리학자 앨버트 반두라Albert Bandura는 자기효능감(어떤 일을 성공적으로 수행할 수 있을 거라는 개인의 능력에 대한 믿음)을 형성하기 위해서 '대리경험'이 필요하다고 말한다. 개인은 타인의 성취 경험이나 도전을 관찰하는 과정에서 자신의 과제를 해결할 신념을 가지게 된다는 것이다. 그러니 타인의 빛나는 성취를 보면서 '나는 뭐했나? 나는 왜 이리 부족한가?' 탄식하지 말고 '그도 했으니, 나도 할 수 있다'라고 바꿔서 외쳐보는 게 좋다.

객관적으로 보았을 때 내 스펙은 그리 좋지 않다. 나는 지방 소도시 출신으로 여자대학 문과를 졸업했다. 졸업 후 취업이 안 되어 벤처기업에서 직장 생활을 시작했고, 이후 여러 회사를 전전했다. 지금까지 네 권의 책을 출간했는데 내는 족족 망했다(단한 권도 1쇄를 다 팔지 못했다). 1인 기업가라고 하지만, 일이 없으면 백수와 비슷한 삶을 산다.

이렇게 보면 어느 하나 좋은 게 없어 보인다. 하지만 이 똑같은 상황을 이렇게 말할 수도 있다. 지방 소도시에서 서울로 대학 진학에 성공한 행운아. 명문여대(?)를 다닌 덕분에 여자로서의 자기효능감과 독립심, 근거 없는 자신감 뿜뿜. 1997년 IMF 구제 금융이 한국 경제를 강타했음에도 취업에 성공. 여러 번의 이직 끝에 글로벌 제약사에서 팀장까지 역임. 2015년부터는 1인 기업가로 살며 출근하지 않아도 되는 삶을 즐기고 있음. 수년간 출판업계가 불황임에도 불구하고 책을 내주겠다는 출판사는 꾸준히 나타나고 있음. 베스트셀러 작가의 꿈을 품고 다음 책도 가열 차게 집필 중.

멈춰야 하는 때를
알아차리는 법

내 첫 책의 제목은 『그만둬도 괜찮아』이다. 이 책은 글로벌 제약사에서 팀장으로 일하던 시절, 너무나 고단하고 힘들어 그만두고 싶었는데 어느 누구도 나에게 '그만둬도 괜찮다'는 말을 해주지 않아서 썼다. 내가 그만두고 싶다고 하소연하면 항상 '네가 그 자리까지 어떻게 갔는데 버텨야지'라고 하거나 '뭐가 힘들다 그래? 잘하고 있구먼'이란 말이 돌아왔다. 사실 그랬다. 굽이굽이 돌아 그 자리에 올랐고 그 정도 연봉을 주는 곳도 찾기 쉽지 않았다. 그래서 이를 악물고 버티다 나는 결국 완전히 번아웃되어 회사를 떠나야 할 수밖에 없었다.

예전에 나는 '포기는 배추 셀 때나 하는 말'이라는 식의 가치를 맹신하는 사람이었다. 사실 아직도 무하마드 알리Muhammad Ali

가 했다는 '불가능, 그것은 사실이 아니라 하나의 의견일 뿐이다' 같은 말을 들으면 가슴이 두근거린다. 피나는 노력으로 기적을 만들어낸 사람을 보면 눈시울이 붉어진다. 하지만 살아보니 해도 안 되는 일이 있다는 사실을 알게 되었다. 어쩔 수 없다는 생각으로 포기해야 하는 일도 있음을 알게 되었다. 요즘은 포기하는 것도 용기라는 생각이 들기도 한다. 하지만 그만둬야 할 때와 버텨야 할 때를 분별할 수 있어야 한다.

멈추는 용기를 발휘해야 할 때는 언제인가?

첫째, '소중한 것을 지켜야 할 때'다. IT 컨설팅 회사에서 일하는 경란 씨는 최근 회사에 휴직계를 제출했다. 오랫동안 방치했던 목디스크가 악화되어 손저림증으로 발전해 잠을 이룰 수 없는 지경이 되었기 때문이었다. 처음에는 대수롭지 않게 생각하고 통원 치료를 받으며 일을 이어갔다. 하지만 고객사에 파견되어 매일 야근을 밥 먹듯 하며 일하다 보니 몸 상태는 점점 나빠졌다. 중견기업에서 일하는 현희 씨는 오랜 고민 끝에 아들을 위해서 회사에 사표를 냈다. 사춘기에 접어든 아들이 학교생활에 적응하지 못하고 지독한 방황을 하게 되자 아이 옆에 있어 줘야겠다는 결심을 한 것이다. 엄마가 집에 있다고 아들이 마음을 잡을지는 알 수 없지만, 아이의 인생에서 중요한 시기인 만큼 엄마로서 최선을 다하고 싶다고 그녀는 말한다. 자신의 건강을 회복해야 하거나 가족 구성원에게 좋지 않은 일을 겪을 때는 멈출 용기가 필요하다. 일은 다시 시작하면 되지만 건강이나 가족은 한번 잃으면 되찾기 어렵기 때문이다.

둘째, '어디로 가야 할지 방향을 알 수 없을 때'다. 한스컨설팅 한근태 대표는 『역설의 역설』이란 책에서 행동 편향Action Bias에 대해 이야기한다. 이스라엘 학자 마이클 바 엘리Michael Bar-Eli는 축구에서 패널티킥을 차는 선수와 골키퍼를 관찰했다. 선수가 공을 차는 방향을 보니 왼쪽, 오른쪽, 그리고 가운데가 3분의 1씩이었다. 그렇다면 공을 막는 골키퍼는 어떻게 움직일까? 골키퍼는 반은 왼쪽으로 나머지 반은 오른쪽으로 몸을 날렸다. 가만히 있는 골키퍼는 없었다. 왜 그럴까? 대부분 사람이 가만히 있는 것보다는 뭐라도 하는 것이 낫다고 생각한다. 이를 행동 편향이라고 부르는데 사람들은 상황이 불분명할수록 뭔가를 하고 싶은 충동을 느낀다. 하지만 그럴수록 상황은 더 나빠진다. 산에서 길을 잃으면 그 자리에 머물며 구조를 요청하는 것이 낫다. 잘못된 방향으로 움직이면 더 찾기가 어렵다. 사업도 그렇다. 부진한 사업을 만회하기 위해서 새로운 사업을 벌이다 망한 기업들이 많다. 나는 직장 생활도 같은 맥락이라고 본다. 어디로 가야 할지 도통 알 수 없을 때는 모든 것을 내려놓고 방향을 가늠하는 고요한 시간을 가져야 한다. 남들이 달린다고 어디로 가야 할지도 모르면서 함께 달리다가는 원치 않는 목적지에 도착할 수 있다.

셋째는 '더 큰 도약을 준비해야 할 때'다. 지영 씨는 자기 계발 휴직을 내고 주간 MBA에 입학했다. 학부에서 공학을 전공하고 기구설계 업무를 하던 그녀는 오랫동안 증권사나 벤처캐피털 업계로의 이직을 희망해왔다. 하지만 관련 경험이 없던 그녀에게 경력 전환의 기회는 좀처럼 오지 않았다. 회사에 다니면서 공부할 수 있는 곳들도 알아봤지만 자신에게 꼭 맞는 과정은 아니었다. 그녀는 요즘 공부하느라 너무 바쁘다. 괴롭지만 즐거운 시간을 보내고 있다고 말한다. 삶의 전환이 필요하거나 더 큰 도약을 준비해야 할 때라면 지영 씨처럼 멈추는 용기를 발휘해야 할 때도 있다.

하지만 이런 멈춤이 누구에게나 가능한 건 아니다. 이 길이 아닌 줄 알면서도 이렇게 살다간 원하는 결과를 얻을 수 없는 줄 알면서도 그냥 눌러있는 경우가 대부분이다. 다영 씨가 그런 경우다. 그는 최근 공황장애 진단을 받았다. 해외 출장지에서 호흡이 가빠지고 갑자기 불안해져 아무것도 할 수 없었다. 중요한 세미나에 참석해야 했으나 제대로 업무를 수행할 수 없는 지경이었다. 나는 그녀에게 퇴사하고 쉬라고 조언했다. 그 정도 경력이라면 어느 정도 쉰 뒤에 재취업해도 충분히 가능하기 때문이었다. 하지만 다영 씨는 지금 그만두면 다시는 일하지 못할 것이란 공포와 불안을 이기지 못하고 회사에서 힘든 하루하루를 버티고 있다.

빛의 속도로 세상이 변하는 요즘, 멈춤은 퇴보와 동일어로 받아들여진다. 그래서 사람들은 어디로 가야 할지도 모르면서 남들처럼 뛸 수 있는 상태가 아니면서도 무작정 타인의 꽁무니를 따라 뛴다. 하지만 내가 만난 성공한 여성 리더 여럿은 멈춤이 다시 시작할 수 있는 동력이 되었다고 말한다. 이민선 전 유니레버코리아 사장은 외국계기업에서 일하다 남편이 해외로 발령이 나는 바람에 졸지에 경단녀가 되었다. 외국에서 아이를 키우는 일은 쉽지 않았고 할 수 있는 일도 많지 않았다. 하지만 그 기간동안 자신이 일을 좋아하는 사람이라는 사실을 깨달았다. 멈추고 돌아보니 자신이 진정 무엇을 원하는지 알게 되었고, 재취업이후에는 일에 더욱 몰두할 수 있었다. 최인아 전 제일기획 부사장은 상무 시절 1년 동안 휴직을 하고 산티아고 순례길을 걸으며 회사로 다시 돌아가야겠다는 결심을 했다고 말한다. 단 한 번의 멈춤도 없이 전력 질주를 했을 것 같은 그들도 숨을 고르고 방향을 가늠하기 위한 멈춤의 시간이 있었다는 사실이 놀랍지 않은가.

멈추면 영원히 멈출 것 같아 고단한 하루를 버티는 당신에게 소개해주고 싶은 분이 있다. 몇 해 전 TV 예능프로그램에서 멋진 특강으로 사람들의 마음을 울린 박경희 여사가 그 주인공이다. 그녀는 1956년 이화여자대학교에 입학했다. 하지만 재학 중 결혼을 하면 자퇴를 해야 하는 금혼 학칙 때문에 학업을 마치지 못했다. 그러다 약 50년 만인 2003년 금혼 학칙이 폐지되면서 재입학하여 졸업했다. 이후 사이버대학교에 진학해 중독재활복지학을 전공하고 사회복지학 복수전공까지 마쳤다. 박경희 여사는 다음과 같이 당부한다.

"힘들 때는 너무 애쓰지 말아요. 내가 80년 인생을 살아보니 일부러 기를 쓰고 살지는 말라고 말해주고 싶어요. 자기가 원하는 것이 있으면 어느 단계에 가면 꼭 이루어지더라고요. 토끼처럼 빨리 뛰어가도 정상에 갈 수 있고 거북이처럼 느리게 기어도 갈 수 있어요. 나처럼 50년 만에도 졸업장을 받을 수 있으니까 천천히 가세요. 너무 서

두르지 말아요."

　나는 고단한 하루하루를 버티며 눈물 바람인 당신에게 그만
둬도 괜찮다고 말하고 싶다. 너무 애쓰지 말라고 안아주고 싶
다. 어깨를 토닥이며 당신은 잠시 쉴 자격이 충분하다고 말해주
고 싶다. 쉬었다 다시 시작해도 절대 늦지 않았다고 일러주고 싶
다. 포기하는 것도 용기이고 당신 뜻대로 되지 않는 일도 있다고
위로해주고 싶다. 나 역시 30대 후반 1년 반의 안식년 휴가를 통
해 다시 일할 수 있는 용기와 에너지를 충전할 수 있었다. 그때
멈추지 않았다면 어쩌면 영영 일어나지 못했을 것이다. 그래도
마음이 불안하다면 라인홀드 니부어Reinhold Niebuhr의 '평온의 기
도'를 외워보자. 신께서 당신의 기도를 들어주실 것이다.

　주여, 제가 바꿀 수 없는 것을 받아들이는 평온을
　바꿀 수 있는 것들을 변화시키는 용기를
　그리고 그 둘을 분별할 수 있는 지혜를 주소서.

도약을 위한
네 가지 주문

shift ↑

새로운 도약을 만들어야 하는 30대 중반. 이때야말로 나 자신의 응원이 절실히 필요한 시기다. 자책과 비관 속에 빠져 있다면 우선 나 자신부터 스스로를 다독일 줄 알아야 한다. 그리고 이렇게 나를 일으키는 연습을 하다 보면 내 감정이 밑바닥일 때, 우울함 때문에 지금 이 순간에 집중하지 못할 때, 빠르게 벗어날 수 있는 나만의 시크릿 주문을 찾을 수 있다.

메이저리그 뉴욕 메츠 스포츠 심리 닥터 조너선 페이더Jonathan Fader는 자신의 책 『단단해지는 연습』에서 자기 대화Self-Talk의 형태와 빈도는 자신감에 중대한 영향을 미친다고 말한다. 자기 대화는 말 그대로 자신과 나누는 내적 대화를 말한다. 우수한 프로선수는 결코 부정적인 자기 대화를 하지 않는다.

페이더는 다음과 같은 질문을 스스로에게 던져 자기 인식을 최대한 긍정적으로 유지해주는 낙관적이고 객관적인 짤막한 주문을 만들어볼 것을 조언한다.

1. 지금 내 분야에서 좋은 성과를 내려면 어떤 자질이 필요할까?
2. 내 능력을 입증해주는 증거는 무엇인가?
3. 친구와 지인, 코치, 스승, 가족, 상사는 나의 장점을 뭐라고 할까?
4. 그러한 장점을 어떻게 설명할 수 있을까?

책에 소개된 주문도 참고해보자.

1. 경찰관: 명예는 집중으로부터 시작된다.
2. 배우: 브로드웨이가 나를 기다리고 있다.
3. CEO: 나의 힘은 고난으로부터 온다.
4. 농구선수: 나는 밑바닥부터 올라왔다.
5. 페이더 박사: 지금 이 순간

책의 내용을 참고해 나는 코칭 고객들과 다음과 같은 네 가지 주문을 만들어보았다. 당신의 주문도 꼭 만들어보시길.

실력이 출중함에도 매번 자신감이 없는 그녀의 주문

⇒ "이 바닥에 나만 한 놈도 없다!"

생각이 많아 한 발짝도 움직이지 못하는 그녀의 주문

⇒ "생각을 멈추고 행동하자!"

불안과 두려움으로 노심초사하는 그녀의 자기 대화

⇒ "다 잘될 거야. 걱정하지 마. 지금 할 수 있는 것을 해!"

이 책을 쓰는 내내 내가 했던 자기 대화

⇒ "모든 일에는 때가 있다. 조급해하지 말자."

내 꿈을 다시 꺼내
반짝반짝 닦아보자

shift ↑

어스름한 새벽, 노부부의 집에 울리는 요란한 전화벨 소리. 수화기 너머의 남자는 남편 조셉의 노벨문학상 수상 소식을 전한다. 아내 조안과 조셉은 침대 위에서 아이처럼 뛰며 기뻐한다. 부부와 아들은 노벨상을 받기 위해 스웨덴 스톡홀름으로 떠나고 이들이 평생 감춰왔던 진실이 하나둘 드러난다.

사실 남편 조셉이 발표한 소설들은 조안이 쓴 것이다. 그녀는 유령 작가로 살면서 남편을 노벨문학상 수상자로 만든 것이다. 왜 그랬을까? 젊은 시절부터 조안은 문학적 재능이 뛰어났다. 하지만 그녀는 여성은 작가로서 제대로 평가받지 못한다는 시대적 한계를 깨닫고 꿈을 접고 조셉과 결혼한다.

영화는 일촉즉발의 위기 속으로 돌진한다. 부부의 자서전을

238

쓰고 싶다며 접근한 전기작가가 이들 앞에 불쑥불쑥 나타나고 소설가 지망생인 아들을 사사건건 무시하는 조셉의 태도는 조안의 신경을 자극한다. 결국, 결정타가 있었으니 젊은 시절부터 바람기가 있던 조셉이 조안을 유혹했던 방법으로 젊은 여자를 유혹했다는 사실을 알게 된 조안. 무신경하고 뻔뻔하고 파렴치한 남편의 태도에 분노한 그녀는 모든 사실을 밝히고 거짓의 삶을 끝내겠다고 결심한다. 하지만 조셉의 갑작스러운 심장발작과 죽음으로 모든 것이 수포로 돌아가고 그녀는 진실을 덮고 영원히 입을 닫는다.

배우 글렌 클로스Glenn Close에게 골든글로브 여주주연상을 안겨준 영화 「더 와이프」의 줄거리다. 동명의 소설을 영화로 옮긴 이 작품은 60대 배우인 글렌 클로스의 성숙한 연기로 큰 사랑을 받았다. 그녀는 인생 최고의 순간이 최악의 순간으로 변해가는 주인공의 감정을 절제하면서도 폭발적으로 표현했다는 평가를 받았다. 일각에서는 이 영화를 페미니즘 영화로도 읽는다. 주변 사람들을 위해 끊임없이 헌신하고도 제대로 평가받지 못하는 여성의 이야기이기 때문이다. 글렌 클로스는 골든글로브 시상식에서 여우주연상 트로피를 들고 이런 소감을 남겼다.

"이 인물을 연기하면서 엄마 생각이 났어요. 엄마는 평생 아빠를 위해 자신을 헌신하셨는데 여든이 넘어 이렇게 말씀하셨죠. '난 아무것도 이룬 게 없는 것 같구나' 그건 옳지 못했어요. 이런 모든 경험을 통해 제가 배운 게 있어요. 여성은 돌봐주는 사람으로 기대되잖아요. 아이나 남편, 파트너를 돌봐줘야 하는 사람이라고요. 하지만 자신만의 성취를 찾아야 해요. 자신의 꿈을 따라야 해요. '나도 할 수 있어, 그건 나도 할 수 있어야 해'라고 말해야 해요. 제가 어렸을 때, 복서가 될 운명이었다는 무하마드 알리를 보면서 저도 배우가 될 운명이라고 느꼈어요. 디즈니 영화를 보면서 나도 저거 할 수 있다고 하곤 했죠. 그리고 오늘 이 자리에 있어요. 배우로 일한 지 올해 45년이 되는데 이보다 더 멋진 인생을 상상할 수 없어요."

이런 이야기는 어머니 세대의 이야기지 싶은가? 그렇지 않다. 아직도 무수히 많은 여성이 가족을 위해 희생하느라 가장 중요한 자신을 외면하고 산다. 얼마 전 초등학교 반 모임에 다녀온 은영 씨. 누구나 부러워하는 직장을 다니던 엄마들이 아이를 위해 회사를 그만두거나 휴직했다는 사실에 큰 충격을 받았다. 남편의 해외 근무 3년을 동행하고 돌아온 지현 씨. 재취업하고 싶지만 생각보다 녹록지 않은 취업시장에서 고전하고 있다. 3년 동안 남편은 해외 근무라는 근사한 경력을 얻었지만 자신은 경단녀의 꼬리표를 얻게 된 것이다.

회사에서는 어떠한가? 회사에서 환영받는 여직원의 모습은 어떤 모습일까? '너무 똑똑하지 않고(그러면 위협적이니까) 어떤 부탁이든 다 들어주고(오피스 와이프를 원하는 건가) 어느 자리에서든 크게 모나지 않게 어울릴 수 있는 여자(더 정확히 말하면 술을 잘 마시는 여자)'다. 앞에서 언급한 굿 걸의 이미지가 떠오르지 않는가? 많은 여성이 굿 걸의 이미지에 갇혀 자신이 원하는 것을 소리 내어 말하지 못하고 있다. 그러면서 괜찮다고 자신을 위안하고 있다. 이 얼마나 안타까운 현실인가!

영화 「더 와이프」에는 인상적인 대사가 등장한다. 조안은 만찬에서 만난 남자가 직업이 있느냐고 묻자 이렇게 답한다.

"나는 킹 메이커입니다."

나는 이 땅의 여성들이 더 이상 킹 메이커로 살지 않기를 바란다. 이제는 킹 메이커가 아니라 여자 자신이 퀸이 될 수 있는 시대다. 당신은 혹시 누군가 요구하지도 않았는데 지레 포기하고 있지는 않은가? 할 수 없을 거라고 단정하고 포기한 꿈이 있지는 않은가? 그 꿈을 다시 꺼내 반짝반짝하게 닦아보자. 글렌 클로스처럼 멋진 무대에 설 날이 있을지 어찌 알겠는가. 배우 나문희처럼 일흔일곱의 나이에 여우주연상 트로피를 높이 들어 올리게 될지 누가 알겠는가. 그리되지 못하더라도 인생을 마감하는 순간, 후회하지는 않아야 하지 않겠는가. 그러니 당신도 녹슬어 있지 말고 깨어나라. 당신도 할 수 있다.

적당히 비겁해져도
괜찮습니다

⋮

나를 찾아오는 직장인 중에는 나에게 선녀 보살의 신기神氣를 기대하는 사람들이 있다. 자신이 무엇을 하고 싶은지, 어디로 가야 할지 모르겠으니 나에게 그 결정을 해달라는 것이다. 그러면 나는 이렇게 말한다.

"저는 선녀 보살이 아니에요. 당신이 어디로 가야 할지 알려줄 수 없습니다. 자기 길은 자기가 찾아야 해요. 저는 옆에서 도울 뿐입니다."

지금까지 나는 서른다섯 즈음의 여성 직장인이 무엇을 해야 하는지 많은 이야기를 했다. 이 책을 다 읽었다면 이제 당신이 무엇을 할지 결정하고 실천하는 일이 남았다. 간혹 나에게 '책을 열심히 읽어도 삶이 하나도 변하지 않는다'라며 푸념을 늘어놓는 사람들이 있는데 그건 당연한 거다. 독서만으로는 절대 삶의 전환이 일어나지 않는다. 읽고 깨달은 것을 실천할 때 우리는 원하는 삶으로 다가갈 수 있다. 그러니 이 책을 덮고 난 후에는 '실천'에 힘쓰길 당부한다.

또 한 가지 당부는 자신의 결심을 실천할 때 주변 사람들을 적극적으로 활용하라는 것이다. 나는 영화 「82년생 김지영」이 동명의 소설보다 훨씬 현실적이라고 생각한다. 나는 소설을 읽고 다음과 같은 감상평을 적어두었다.

"나는 이 소설을 읽으며 김지영 씨의 선택에 아쉬움을 느꼈다. 삼 남매의 첫딸로 살아온, 방직공장에서 산업재해를 입고 퇴직해 장사를 시작한 부모님을 둔, 여대 문과대학을 졸업하고 홍보 대행사에서 일했던 나니까 이런 말 정도는 할 수 있겠지. 김지영 씨는 나처럼 홍보 대행사에서 일하다 기업의 홍보팀으로 이직할 수 있다. 또한 나처럼 아이가 두 돌이 될 때까지 시댁에 맡기고 주말에만 데려올 수 있다. 그것이 여의치 않다면 프리랜서 PR 전문가로 일할 수 있다. 비용은 더 들겠지만 입주 육아 도우미를 쓰며 일할 수도 있다. 조금만 더 전략적으로 방법을 찾으면 할 수 있는 일이 얼마든지 있다. 그러니 '맘

충'이란 말에 기겁해 내빼지 말고 아이스크림 가게 알바 구인 공고문 앞을 기웃거리지 말고 정신줄 놓고 빙의는 하지 않았으면 좋겠다."

영화에는 김지영을 도와주는 다양한 사람들이 등장한다. 잠깐의 망설임도 없이 함께 일하자고 제안하는 김 팀장이 있고 당신이 아기 봐줄 테니 하고픈 거 하라는 친정 엄마 미숙이 있다. 회사의 최신 소식을 물어다 주며 다시 일하라고 독려하는 선배, 가부장적인 집안 분위기를 바꾸려고 노력하는 친언니, 늦은 밤 버스에서 내린 지영을 따라오는 치한을 쫓아준 이름 모를 여인도 있다.

남자들은 어떠한가? 자신이 잘 도와줄 테니 둘째를 낳자고 떼쓰는 철없는 남편이지만 대현은 지영을 위해 육아휴직을 감행했다. 남동생 지석은 아버지가 해외 출장길에 선물로 사다 준 만년필을 누나 지영에게 양보했다. 아버지 영수는 취직 못하면 집에 얌전히 있다가 시집이나 가라며 지영을 닦달했지만 딸이 아프다는 소식을 듣고는 딸을 위한 보약을 지어왔다. 나는 지영 씨가 이들이 내미는 도움의 손을 기꺼이 잡으면 좋겠다. 폐 끼치기 싫다, 미안해서 안 된다는 생각은 개나 줘라. 살다 보면 신세도 질 수 있고 미안한 일을 해야 하는 때도 있다. 신세는 갚으면 되고 미안함은 고마움으로 표현하면 된다.

30대를 넘기며 깨달은 한 가지 지혜는 '적당히 비겁하면 인생이 편해진다'는 것이다. 무조건 좋은 사람이 되어야 한다는 강박 때문에 자기 삶의 중요한 부분을 내어주는 것을 당연시하지 말자. 남에게 도움을 요청하는 것은 비겁한 일이 아니다. 진짜 비겁한 것은 온갖 핑계를 대며 자신의 마음을 외면하고 타인의 요구에 끌려다니는 것이다. 때로는 나의 선한 의도가 상대에게는 무례한 오지랖이 되기도 한다. 상대는 청하지도 않았는데 자신을 희생하며 실망하고 있지는 않은가? 인간관계에서 늘 약자인 것만 같고 항상 퍼주기만 하는데 사람이 떠나간다면 그것은 누구를 위한 일도 아니다. 내가 나를 챙겨야 남도 내가 소중한 줄 안다.

나 역시 여기까지 오는 데 많은 이들의 도움을 받았다. 자신감 게이지가 내려갈 때마다 충전소 역할을 해주신 이진아컨텐츠컬렉션의 이진아 대표님과 원고를 해체하고 재구성해 탁월한 콘셉트를 잡아주신 에디토리 변민아 대표님 덕분에 이 긴 글을 쓸 수 있었다. 원고의 진가를 알아보고 출간을 결정해주신 세종서적 정소연 주간님과 편집부 장여진 대리님 덕분에 이 책이 세상의 독자들을 만날 수 있었다. 각자의 고민을 가지고 함께 울고 웃으며 이야기를 나눈 나비 프로젝트와 원더우먼 프로젝트 멤버들 덕분에 이 책은 더 생생하고 풍성해졌다. 이 책의 전문가 리뷰를 해주신 커리어케어 유재옥 상무님과 ASML코리아 안윤선 HR Business Partner님에게도 깊은 감사를 드린다. 내가 하겠다는 일이라면 무엇이든 지지하고 응원해주는 남편 구정환 님과 두 딸 나현, 나영에게도 감사의 인사를 전하고 싶다. 마지막으로 불굴의 의지로 원고를 끝까지 써낸 나 자신에게도 박수를 보내고 싶다.

얼마 되지 않는 선녀 보살의 신기를 총동원해 이 책의 미래를 점쳐본다(가끔 선녀 보살 같다는 말을 듣기도 하니까!). 이 책이 아주 많은 독자를 만날 것이라는 예감이 든다. 지금은 이런 책이 필요한 시대고, 결국 이렇게 여러분과 만나게 되었으니까. 최고의 기획자와 편집자를 만났고 나 또한 수년간 코치로 일하며 쌓은 내공을 아낌없이 쏟아부었다. 이 땅의 모든 여성이 자신을 괴롭히는 것들로부터 벗어나 자신만의 이야기를 마음껏 펼쳐나가길 진심으로 응원한다.

서른다섯, 출근하기 싫어졌습니다

초판 1쇄 발행 2020년 12월 20일
초판 2쇄 발행 2020년 12월 30일

지은이 재키
펴낸이 오세인 | 펴낸곳 세종서적(주)

기획 변민아, 이진아콘텐츠컬렉션
주간 정소연 | 편집 장여진, 김샛별
표지 디자인 urbook | 본문 디자인 HEEYA
마케팅 임세현 | 경영지원 홍성우
인쇄 천광인쇄

출판등록 1992년 3월 4일 제4-172호
주소 서울시 광진구 천호대로132길 15, 세종 SMS 빌딩 3층
전화 마케팅 (02)778-4179, 편집 (02)775-7011 | 팩스 (02)776-4013
홈페이지 www.sejongbooks.co.kr | 블로그 sejongbook.blog.me
페이스북 www.facebook.com/sejongbooks | 원고모집 sejong.edit@gmail.com

ISBN 978-89-8407-803-1 (03190)

이 도서의 국립중앙도서관 출판시도서목록(CIP)은 서지정보유통지원시스템
홈페이지(http://seoji.nl.go.kr)와 국가자료공동목록시스템(http://www.nl.go.kr/kolisnet)에서
이용하실 수 있습니다.(CIP제어번호: CIP2020049117)